평생 쓸모 있는 한자

평생 쓸모 있는 한자

1판 1쇄 발행 2021년 7월 26일

지은이 | 이해우
펴낸이 | 김진수
펴낸곳 | 한국문화사
등 록 | 제1994-9호
주 소 | 서울시 성동구 아차산로49, 404호(성수동1가, 서울숲코오롱디지털타워3차)
전 화 | 02-464-7708
팩 스 | 02-499-0846
이 메 일 | hkm7708@hanmail.net
홈페이지 | http://hph.co.kr

ISBN 979-11-6685-045-5 03720

· 이 책의 내용은 저작권법에 따라 보호받고 있습니다.
· 잘못된 책은 구매처에서 바꾸어 드립니다.
· 책값은 뒤표지에 있습니다.

평생 쓸모 있는 한자

이해우 지음

한국문화사

머리말

　이 책은 한자를 처음 접하는 초급자부터 일정 수준 한자를 알고 있는 분까지 기초 한자와 한문을 쉽고 재미있게 배울 수 있도록 만든 학습서입니다. 한국어 어휘 가운데 한자어의 비중은 약 70%를 차지하고 있어 한자를 모르면 한국어의 진정한 의미를 파악했다고 볼 수 없습니다. 그러므로 한자 지식은 국어 어휘의 이해에 상당한 도움을 줄 수 있습니다. 하지만 초·중·고등학교에서 한자를 필수로 배우지 않아 기본적인 한자조차도 이해하지 못하는 경우가 많습니다. 이에 이 책은 바로 우리 생활언어 속에서 평생 쓸모가 있을 한자와 한자어를 중심으로 다루고 있습니다.

　한자를 처음 접하는 분들을 위해 8급에서 5급까지의 한자와 그와 관련된 상용한자어를 부록에 소개하였으므로 먼저 이 부분을 학습하면 한자에 대한 기초지식을 마련할 수 있을 것입니다. 우리는 일상생활 속에서 자주 사자성어(四字成語)를 사용하지만 한자 하나하나의 뜻을 모르는 경우가 종종 있는데, 이 책은 해당 한자의 뜻과 음을 나열하고 관련 한자어도 자세하게 소개하고 있습니다.

　이 책은 한문 고전 가운데 짧지만 명쾌한 메시지를 전달하는 단문(短文)과 한국과 중국에서 가장 널리 읽히는 명시(名詩)를 선별하여 수록하고 있습니다. 《논어(論語)》·《맹자(孟子)》·《대학(大學)》·《중용(中庸)》 등 사서(四書) 및 기타 고전 가운데 자주 인용되는 명문은 한문 독해력 향상은 물론 삶의 지혜를 깨닫는데도 많은 도움을 주리라 봅니다.

　아무쪼록 이 책을 통해 평생 쓸모가 있는 한자와 한문을 쉽고 유익하게 배워 일상생활 속에 활용하길 기대합니다. 끝으로 이 책이 출판되도록 도와주신 한국문화사 여러분께 감사드립니다.

2021년 7월
저자 이해우 배상

차례

제1장 한자와 한문의 이해 — 1

1. 한자(漢字), 한문(漢文), 한어(漢語) — 3
2. 한자 자형(字形)의 변천 — 3
3. 한반도에의 한자 전래와 사용 — 8
4. 육서(六書) — 8
5. 한자어(漢字語)의 구조 — 11
6. 한문의 어순 — 12

제2장 사자성어(四字成語) — 15

제3장 단문(短文) — 59

제4장 시가(詩歌) — 85

제5장 산문(散文) — 105

1. 《論語》 — 107
2. 《孟子》 — 113
3. 《大學》 — 117
4. 《中庸》 — 120
5. 《道德經》 — 123
6. 《孫子兵法》 — 124

부록 — 137

1. 8급~5급 한자 — 139
2. 한문 문장의 형식 — 151
3. 주요 허사(虛辭) 용법 — 155

제1장

한자와 한문의 이해

1. 한자(漢字), 한문(漢文), 한어(漢語)

한자(漢字)는 한 글자 한 글자의 낱자를 의미하고, 한문(漢文)은 여러 한자로 구성된 문장을 의미한다. 영어로 한자는 'Chinese characters'로 번역되는데, 직역하면 중국의 문자(characters)라는 의미이다. 한문은 중국을 중심으로 한국, 일본, 월남 등 한자문화권에서 옛 선인들이 한자를 이용하여 쓴 문장이므로 고문(古文)이라고 하여 보통 영어로 'Classical Chinese'로 번역한다.

한어(漢語)는 중국에서 현재 중국어(Chinese)를 칭하는 말이다. 현대 중국이 수립되면서 중국의 여러 소수민족(총 55개 소수민족)의 언어와 구별되는 '한족(漢族)의 언어(言語)'라는 의미이다. 한편 언어는 보통 입말, 즉 구어(口語, spoken language)와 글말, 즉 문언(文言, written language)으로 나뉜다. 한문(漢文)은 주로 말을 그대로 옮긴 문체이기보다는 매우 간략하게 축약해서 쓴 글로 문언에 해당된다.

중국은 유구한 역사를 지녀 시대가 많이 변했고, 광대한 지역으로 다양한 방언이 존재하고, 구어를 축약해서 간략하게 쓰다 보니 한문은 현재 우리가 해석하는 데 당연히 많은 어려움이 따른다. 현재 중국인조차도 한문 해석은 우리와 똑같이 어려워한다. 마치 우리가 15세기 《훈민정음언해(訓民正音諺解)》나 16세기 정철의 가사(歌辭)가 모두 한국어인데도 해석하는데 난해한 점과 같은 처지이다.

2. 한자 자형(字形)의 변천

(1) 도문(陶文)

그간 중국 문자의 기원을 갑골문(甲骨文)에 두었지만, 갑골문은 매우 완정(完整)하고 체계적인 문자의 형태이기 때문에 그 이전에 분명히 초보적이고 원시적인 문자의 형태가 존재했을 것으로 추정된다. 이에 최근에는 신석기시대 도기의 파편에 문자의 형태가 발견되어 이를 중국 문자의 시초로 보고 있다.

B.C. 4,000년 경 앙소문화(仰韶文化)에 속하는 섬서성(陝西省) 서안(西安) 근교 반파(半坡)에서 22개 도기 기호가 발견되었는데, 문자의 성질을 갖춘 부호로 학자들은 보고

있다. 그러므로 중국 문자의 기원은 지금부터 약 6천 년 전까지 거슬러 올라갈 수 있다.

(2) 갑골문(甲骨文)

은(殷)나라 후기(B.C 1,300~B.C 1,110)에 거북이 배딱지나 짐승 뼈에 새겨져 있는 글자이다. 하남성(河南省) 안양현(安陽縣) 소둔리(小屯里)에서 발견되었으며 주로 점(占)의 결과를 기록하였으므로 '복사(卜辭)'라고도 한다. 약 5천 자 정도 사용되었고 현재 약 20% 정도만 해독되었다.

(3) 금문(金文)

은·주(殷·周)에서 춘주전국시대(春秋戰國時代)까지 약 1,200년 동안 각종 청동기(靑銅器)에 새겨진 문자이다. 주로 종(鐘)이나 세 발 달린 물건, 즉, 정(鼎)이 대부분을 차지하여 종정문(鐘鼎文)이라고도 한다. 여기서 '금(金)'은 실제 금(gold)이 아닌 '청동(靑銅)'을 이른다. 5~6,000자가 수집되었으며 자획이 굵다.

(4) 소전(小篆)

진시황 때 이사(李斯) 등이 춘추전국시대에 진(秦)에서 통용되었던 대전(大篆)을 더 간략하게 만들어 문자통일의 표준으로 삼았던 한자체이다. 한(漢)나라 허신(許愼)이 쓴 중국 최초의 자전(字典)인 《설문해자(說文解字)》의 표제자(表題字)가 바로 소전(小篆)이며 9,353자가 실려 있다. 갑골문, 금문, 소전까지를 고문자(古文字)라고 말한다.

구분	소전	금문
天천 하늘		
立립(地)땅		
大대(人)사람		

(5) 예서(隷書)

 진시황 때 관리들이 행정사무를 효율적으로 처리하기 위해 간략하게 만든 문자이지만 한(漢)나라 때 공식 서체로 받아들였다. 당시 신분이 낮은 사람들이 주로 사용하였기에 예서(隷書)라고 했다. 진나라 말부터 한나라, 삼국시대에 사용되었으며, 상형적 요소가 대폭 감소되고, 필획도 줄고, 곡선과 원이 직선화되었다. 예서 이전의 한자체를 고문(古文)이라 하고, 예서부터 금문(今文)이라 한다.

(6) 해서(楷書)

현재 우리가 사용하는 한자체가 바로 해서(楷書)이다. '해(楷)'는 '본보기' '모범'이라는 뜻으로 정서(正書) 혹은 진서(眞書)라고도 불린다. 예서(隸書)의 획을 곧게 고쳐서 네모 형태로 만든 글자체이다. 진(晉) 이후 현재까지 약 1,700년 간 변함 없이 정형화된 글자체이다.

해서와 동시대에 사용되어온 초서(草書)와 행서(行書)는 한자체의 범주에 속하지 않고 예술적인 범주의 서체(書體) 명칭이다. 초서는 흘림체의 정도에 따라 장초(章草)·금초(今草)·광초(狂草)로 구분된다. 행서(行書)는 해서와 초서의 중간에 해당되는 서체로 해서의 필기체라고 볼 수 있다.

갑골문				
금문				
소전				
예서				
해서				
초서				
행서				

3. 한반도에의 한자 전래와 사용

문헌상 한반도에 언제 한자가 전래되었는 가에 대한 기록은 없다. 다만 중국과 한국의 교류 역사를 통해 한자의 전래에 대해 추정할 수 있을 뿐이다. 역사적으로 한(漢)나라 무제(武帝)가 한사군(漢四郡, 기원전 108년~314년)을 설치하였고, 400년 정도 지배하였기 때문에 한반도 북부에 한자의 사용이 보편화되었다고 볼 수 있다.

고구려, 신라, 백제의 각 왕조는 4세기부터 중국의 왕조들과 활발한 교류를 해왔기 때문에 외교문서, 왕조의 기록 등에 한자가 사용되었을 것이다. 특히 고구려 광개토왕비(廣開土王碑, 414년)에는 1,800여 한자가 사용되고 문장의 수준도 수려하여 당시 식자층들은 상당한 한문 실력을 갖추었을 것으로 판단된다. 백제는 근초고왕(近肖古王, 재위: 346년~375년) 때 동진(東晉)과 교류하였고, 당시 백제인 왕인(王仁)이 일본에 《천자문(千字文)》과 《논어(論語)》를 전했다. 신라는 내물마립간(奈勿麻立干, 재위: 356년~402년) 때 중국 전진(前秦)과 교류를 맺었다. 이로 보아 한반도에서는 삼국시대 4세기를 전후하여 한문이 본격적으로 널리 쓰이게 된 듯하다.

고대 한국은 중국문화의 절대적 영향으로 지식인층에서는 평상시 말은 한국어를 글은 한문을 사용하는 이중언어 생활을 하였다. 1446년 세종이 한글을 창제하였지만 여전히 각종 공문서나 서적에서는 한문을 사용하였다. 그리하여 주요한 명사나 용어에서 순수 한국어를 제치고 한자어가 많이 침투하였다. 개화기 시기부터 한글을 기반으로 한자어를 섞어 사용하는 '국한문혼용체'가 등장하여 구한말과 일제강점기를 거쳐 1990년대 초반까지도 널리 쓰여왔다. 최근에는 한글 전용이 보편화 되었으나 간혹 한자를 사용하곤 한다.

4. 육서(六書)

육서(六書)는 한자의 형태, 즉 자형(字形)을 여섯 가지 원리로 분석한 것이다. 자형(字形) 구조를 분석하는 목적은 한자의 본래 의미, 즉 본의(本義)를 알아보기 위해서이다. 육서는 바로 한자가 어떻게 만들어졌는가에 대한 원리를 여섯 가지로 나눈 것이다. 현재 육서는 한자를 분류하는 기준이 되었고, 또 그 한자의 어원을 탐색하는 수단이 되었다.

한자는 기본적으로 의미를 나타내는 표의문자(表意文字)에 속하지만, 문자가 만들어진 원리와 사용 방법에 따라 상형(象形), 지사(指事), 회의(會意), 형성(形聲), 전주(轉注), 가차(假借) 등 여섯 가지로 나뉘며, 이를 육서(六書)라고 부른다. 초기 한자의 형태는 물체를 본뜬 그림문자로 상형자에 속하였으나, 점차 소릿값이 추가된 형성자가 대폭적으로 증가하여 총 한자수의 90% 이상이 형성자로 구성되었다.

(1) 상형(象形)

형태가 있는 구체적인 한 물체의 형상을 본뜬 독체자(獨體字)이며 최초 한자를 만들 때 사용했던 방식이다. 예를 들어, '日, 月, 火, 山'과 같은 한자이다.

(2) 지사(指事)

상형이 구체적인 사물을 그리는 방식이라면 지사는 직접 그려낼 수 없는 추상적인 개념을 점과 선을 이용해서 상징화한 부호로 글자를 만드는 방식이다. 문자를 보면 그 의미를 추측할 수 있다. 예를 들면, '一, 上, 下, 本, 末'과 같은 한자이다.

(3) 회의(會意)

두 개 이상의 독체자(獨體字)가 조합되어 각 글자의 의미가 합해져 새로운 의미를 지닌 문자를 만드는 방법이다.

休: 人 + 木, **사람이 나무 밑에 있다 → 쉬다**
信: 人 + 言, **사람의 말 → 믿다**
林: 木 + 木, **나무와 나무 → 숲**
明: 日 + 月, **해와 달 → 밝다**

(4) 형성(形聲)

회의와 형성은 두 개 이상의 독체자(獨體字)가 조합된 합체자(合體字)이다. 형성은 의미를 나타내는 부분(형부, 形符)과 소리를 나타내는 부분(성부, 聲符)을 조합해서 새로운 글자를 만들어내는 방법이다. 회의가 형부(形符)만의 조합이라면, 형성은 반드시 소릿값을 나타내는 성부(聲符)가 존재해야 한다. 형성자에서 성부는 소리를 나타내고 형부는 의미를 나타낸다. 형부는 형성자의 의미에 중요한 역할을 하므로 부수는 보통 형부가 담당한다.

형성의 원리는 한자를 만드는 가장 효율적인 방법이기 때문에 총 한자수에 가장 큰 비중을 차지하여 《강희자전(康熙字典)》에 나오는 5만여 자 가운데 약 90% 정도가 형성자로 구성되었다.

    工: 江(뜻, 水 물 수, 부수 + 工 소리) → 강 강
       空(뜻, 穴 구멍 혈, 부수 + 工 소리) → 빌 공
       功(뜻, 力 힘 력, 부수 + 工 소리) → 공 공
       攻(뜻, 攵 칠 복, 부수 + 工 소리) → 칠 공
       貢(뜻, 貝 조개 패, 부수 + 工 소리) → 바칠 공

(5) 전주(轉注)

'전주(轉注)'라는 명칭에서 보듯이 '바꾸어 주(注)를 달다'라는 의미로 같은 뜻의 글자끼리 서로 바꾸어 사용하는 원리이다. 이는 글자가 만들어지는 원리가 아닌 이미 있는 글자를 상호 활용하는 용자(用字) 방법이다. 전주에 속하는 두 글자는 같은 부수에 속하고 그 의미가 같아야 한다.

    舟와 船: 갑골문에는 '舟'만 사용하다가 춘추(春秋)시대에 '船'이 등장한다. 두 자는 의미가 같고 같은 부수이다.

(6) 가차(假借)

구어(口語)로는 존재하나 딱히 그에 해당되는 한자가 없어 그 발음과 같거나 비슷한 기존의 한자를 빌려 사용하는 원리이다. 그러므로 소리만 같지 초기 문자가 만들어질 때의 의미, 즉 본의(本義)와 다를 수 있다.

    我: 원래 톱니 모양의 날이 붙은 무기였지만 제1인칭 대명사로 사용

來: 원래 보리 이삭을 본뜬 '보리'였지만 '오다'로 차용되다가 나중에 '보리'는 따로 '麥'字로 분화

師: '사자'를 의미하는 페르시아어 'šēr'가 처음에 중국에서 '師'를 차용하다가 '스승'의 의미와 겹쳐 짐승들에 널리 사용되는 '犭(개 견)'이 부가된 '獅'로 분화

현대중국어에서 외국어의 고유명사를 표기할 때 한자의 소릿값만 빌려 사용하는 것도 일종의 가차라고 볼 수 있다.

意大利(Yìdàlì) 이태리
可口可乐(kěkǒukělè) 코카콜라

이상 살펴보았듯이 상형, 지사, 회의, 형성 네 가지는 새로운 글자를 만들어내는 조자(造字) 방법이고, 전주와 가차는 기존의 글자를 활용하고 운용하는 용자(用字) 방법이다.

5. 한자어(漢字語)의 구조

한자어는 본래 단음절어와 다음절어로 구성되는데, 단음절어는 '山, 江, 日' 등과 같이 하나의 한자로 하나의 의미를 나타내기도 하지만, '山水', '江水', '日出', '月曜日', '大韓民國' 등과 같이 여러 한자가 모여 하나의 단어를 형성하기도 한다. 여기서 두 글자 이상으로 구성된 한자어의 내부가 어떻게 구성되었는지 살펴보도록 하겠다.

(1) 주술(主述) 구조 : '주어+서술어' 구조
　　日出, 地動, 年老, 國立, 天高

(2) 술목(述目) 구조 : '서술어+목적어' 구조
　　開會, 讀書, 登山, 執筆, 植木

(3) 병렬(竝列) 구조 : 유사하거나 반대되는 한자로 나란히 이루어진 구조

유사구조: 乾燥, 繼承, 道路, 始初
대립구조 : 勝敗, 贊反, 古今, 晝夜

(4) 술보(述補) 구조 : 서술어는 동작, 행위, 상태 등을 나타내고, 보어는 서술어를 보충하여 부족한 뜻을 완전하게 해준다. 보어를 먼저 번역하고 서술어를 나중에 번역한다. 보통 '有, 無, 多, 少, 如, 難, 寡, 非' 등과 같은 서술어와 보충하는 뜻의 보어(補語)로 이루어진다.
 (예) 有識, 無禮, 多數, 少量, 如一, 難解, 寡德, 非凡

(5) 수식(修飾) 구조: 수식하는 말과 수식을 받는 말로 구성된 한자어로 명사인 체언(體言) 혹은 동사나 형용사인 용언(用言)을 수식한다.
 체언을 수식하는 한자어: 長江, 明月, 良書
 용언을 수식하는 한자어: 徐行, 冷藏, 精讀, 至高

6. 한문의 어순

현대중국어의 어순(語順, word oder)은 기본적으로 'SVO(주어+동사+목적어)'이고, 한국어는 'SOV(주어+목적어+동사)'이다. 한문은 고대 중국어(Classical Chinese)이기 때문에 중국어의 기본 어순인 SVO를 따른다. 보다 구체적으로 말하면 '주어+부사어+술어+목적어+보어'의 형태를 유지하며, 그 성분의 유무에 따라 짧고 긴 문장이 될 수 있다. 그 외 '관형어'는 명사를 수식하며 주어와 목적어 앞에 놓일 수 있다.

(1) 주어+술어
 山高. 산은 높다.
 日出. 해가 뜬다.
 鳥鳴. 새가 운다.

(2) 주어+술어+목적어
　　漁夫獲魚. 어부가 고기를 잡는다.
　　臣事君. 신하는 임금을 섬긴다.
　　仁者樂山. 어진 자는 산을 좋아한다.

(3) 주어+부사어+술어
　　樹欲靜而風不止. 나무는 고요히 있고자 하나 바람이 그치지 않는다.

(4) 주어+술어+보어
　　高岸爲谷. 높은 언덕이 계곡이 되었다.
　　靑出於藍. 푸른색은 남색에서 나온다.

(5) 주어+술어+목적어+보어
　　孔子問禮於老子. 공자께서 노자에게 예를 물었다.
　　世人爲我道人. 세상 사람들이 나를 도인이라고 한다.

(6) 관형어+주어+부사어+술어
　　嚴冬已去. 추운 겨울이 이미 지났다.
　　大器晩成. 큰 그릇은 늦게 이루어진다.

(7) 주어+부사어+술어+관형어+목적어
　　忠臣不事二君. 충신은 두 임금을 섬기지 않는다.
　　男兒須讀五車書. 남자는 반드시 다섯 수레의 책을 읽어야 한다.

　이상 살펴본 바와 같이 한문은 기본적으로 '주어+동사(술어)+목적어' 어순을 지니며, 부사어는 술어 앞에, 목적어는 술어 뒤에, 보어는 술어와 목적어 뒤에 놓인다.

제2장

사자성어(四字成語)

刻骨難忘 각골난망 — 은혜를 뼈에 새겨 잊지 않음

- 刻(새길 각) 刻印(각인) 彫刻(조각) 刻苦(각고)
- 骨(뼈 골)   骨髓(골수) 骨幹(골간) 骨折(골절)
- 難(어려울 난) 難題(난제) 受難(수난) 難解(난해)
- 忘(잊을 망) 忘却(망각) 忘年(망년) 勿忘(물망)

✓ 印(도장 인) 彫(새길 조) 苦(쓸 고) 髓(골수 수) 幹(줄기 간) 折(꺾일 절) 題(제목 제) 受(받을 수) 解(풀 해) 却(물리칠 각) 年(해 년) 勿(말 물)

刻苦	骨折	難題	忘却

甘言利說 감언이설 — 남의 비위에 맞게 달콤하게 하는 말

- 甘(달 감)   甘受(감수) 甘草(감초) 甘味(감미)
- 言(말씀 언) 言論(언론) 言行(언행) 言語(언어)
- 利(이로울 리) 利點(이점) 利益(이익) 利權(이권)
- 說(말씀 설) 說明(설명) 說敎(설교) 社說(사설)

✓ 受(받을 수) 草(풀 초) 味(맛 미) 論(논의할 론) 行(다닐 행) 語(말씀 어) 點(점찍을 점) 益(더할 익) 權(권세 권) 明(밝을 명) 敎(가르칠 교) 社(모일 사)

甘受	言論	利益	說明

改過遷善 개과천선 — 지난날의 잘못을 고치고 옳은 길로 들어섬

- 改(고칠 개)　　　改正(개정)　　改革(개혁)　　改善(개선)
- 過(지날/허물 과)　過程(과정)　　過失(과실)　　過渡(과도)
- 遷(옮길 천)　　　變遷(변천)　　遷都(천도)　　左遷(좌천)
- 善(착할 선)　　　僞善(위선)　　善心(선심)　　善隣(선린)

◎ 正(바를 정) 革(가죽 혁) 善(착할 선) 程(길 정) 失(잃을 실) 渡(건널 도) 變(변할 변) 都(도읍 도) 左(왼 좌) 僞(거짓 위) 心(마음 심) 隣(이웃 린)

改正	過程	變遷	僞善

牽强附會 견강부회 — 억지로 끌어다 유리하게 맞춤

- 牽(끌 견)　　牽制(견제)　　牽引(견인)　　牽牛(견우)
- 强(굳셀 강)　强點(강점)　　强調(강조)　　强行(강행)
- 附(붙을 부)　附加(부가)　　附言(부언)　　附着(부착)
- 會(모일 회)　會社(회사)　　會員(회원)　　議會(의회)

◎ 制(억제할 제) 引(끌 인) 牛(소 우) 點(점 점) 調(고를 조) 行(갈 행) 加(더할 가) 言(말씀 언) 着(붙을 착) 社(모일 사) 員(수효 원) 議(의논할 의)

牽制	强調	附加	會社

結者解之 결자해지 — 자기가 한 일은 자신이 해결함

- 結(맺을 결)　　結果(결과)　　結論(결론)　　結實(결실)
- 者(놈 자)　　　記者(기자)　　筆者(필자)　　仁者(인자)
- 解(풀 해)　　　解決(해결)　　理解(이해)　　解法(해법)
- 之(갈/그 지)　搖之不動(요지부동)　　無用之物(무용지물)

◎ 果(열매 과) 論(논의할 론) 實(열매 실) 記(기록할 기) 筆(붓 필) 仁(어질 인) 決(결단할 결) 理(다스릴 리) 法(법 법) 搖(흔들 요) 用(쓸 용) 物(만물 물)

結果	記者	解決	理解

傾國之色 경국지색 — 나라를 기울게 할 정도의 미색(뛰어나게 아름다운 여자)

- 傾(기울 경)　　傾向(경향)　　傾聽(경청)　　左傾(좌경)
- 國(나라 국)　　國際(국제)　　全國(전국)　　國政(국정)
- 之(어조사 지)　當然之事(당연지사)　　天壤之差(천양지차)
- 色(빛 색)　　　五色燦爛(오색찬란)　　五方色(오방색)

◎ 向(향할 향) 聽(들을 청) 左(왼 좌) 際(사이 제) 全(온전할 전) 政(정사 정) 當(마땅할 당) 然(그럴 연) 壤(흙 양) 燦(빛날 찬) 爛(빛날 란)

傾聽	國政	天壤之差

孤軍奮鬪 고군분투 — 구원병 없이 고립된 군사가 많은 적과 용감하게 싸움(남의 도움 없이 혼자 일을 잘 해냄)

- 孤(외로울 고)   孤立(고립)   孤兒(고아)   孤獨(고독)
- 軍(군사 군)   軍隊(군대)   軍縮(군축)   叛軍(반군)
- 奮(떨칠 분)   興奮(흥분)   奮發(분발)   激奮(격분)
- 鬪(싸움 투)   鬪爭(투쟁)   拳鬪(권투)   暗鬪(암투)

◎ 立(설 립) 兒(아이 아) 獨(홀로 독) 隊(무리 대) 縮(줄일 축) 叛(배반할 반) 興(일 흥) 發(필 발) 激(부딪쳐 흐를 격) 爭(다툴 쟁) 拳(주먹 권) 暗(어두울 암)

孤立	軍縮	激奮	鬪爭

骨肉相爭 골육상쟁 — 가까운 혈육끼리 서로 싸움

- 骨(뼈 골)   骨格(골격)   骨子(골자)   强骨(강골)
- 肉(고기 육)   肉身(육신)   肉體(육체)   肉類(육류)
- 相(서로 상)   相對(상대)   相互(상호)   相生(상생)
- 爭(다툴 쟁)   爭奪(쟁탈)   爭取(쟁취)   戰爭(전쟁)

◎ 格(격식 격) 子(아들 자) 强(굳셀 강) 身(몸 신) 體(몸 체) 類(무리 류) 對(대답할 대) 互(서로 호) 生(날 생) 奪(빼앗을 탈) 取(취할 취) 戰(싸울 전)

强骨	肉體	相生	戰爭

公平無私 공평무사 — 공평하여 사사로움이 없음

- 公(여러 공)　　公共(공공)　　公敵(공적)　　公衆(공중)
- 平(평평할 평)　平和(평화)　　平均(평균)　　平準(평준)
- 無(없을 무)　　無敵(무적)　　無限(무한)　　無菌(무균)
- 私(개인 사)　　私學(사학)　　私費(사비)　　私心(사심)

◎ 共(함께 공) 敵(원수 적) 衆(무리 중) 和(화할 화) 均(고를 균) 準(평평할 준) 敵(원수 적) 限(한정할 한) 菌(세균 균) 學(배울 학) 費(쓸 비) 心(마음 심)

公衆	平準	無限	私學

過猶不及 과유불급 — 지나침은 미치지 못한 것과 같음

- 過(지날 과)　　過多(과다)　　通過(통과)　　過速(과속)
- 猶(오히려 유)　執行猶豫(집행유예)　猶大敎(유대교)
- 不(아니 불)　　伏地不動(복지부동)　衆寡不敵(중과부적)
- 及(미칠 급)　　普及(보급)　　波及(파급)　　言及(언급)

◎ 多(많을 다) 通(통할 통) 速(빠를 속) 執(잡을 집) 豫(미리 예) 太(클 태) 伏(엎드릴 복) 衆(무리 중) 寡(적을 과) 普(넓을 보) 波(물결 파) 言(말씀 언)

過多	執行猶豫	衆寡不敵

教學相長 교학상장 — 가르치고 배우는 과정에서 스승과 제자가 서로 성장함

- 敎(가르칠 교)   敎育(교육)   敎授(교수)   敎養(교양)
- 學(배울 학)   學問(학문)   留學(유학)   學科(학과)
- 相(서로 상)   相互(상호)   相從(상종)   樣相(양상)
- 長(길 장)   長髮(장발)   族長(족장)   最長(최장)

⊙ 育(기를 육) 授(줄 수) 養(기를 양) 問(물을 문) 留(머무를 류) 科(과정 과) 互(서로 호) 從(따를 종) 樣(모양 양) 髮(터럭 발) 族(겨레 족) 最(가장 최)

敎育	留學	樣相	最長

金科玉條 금과옥조 — 금이나 옥처럼 매우 소중하게 여기는 법칙이나 규정

- 金(쇠/금 금)   金屬(금속)   金錢(금전)   金利(금리)
- 科(과정/조목 과) 科目(과목)   科長(과장)   學科(학과)
- 玉(옥 옥)   玉座(옥좌)   珠玉(주옥)   玉體(옥체)
- 條(가지 조)   條例(조례)   條項(조항)   條件(조건)

⊙ 屬(엮을 속) 錢(돈 전) 利(이로울 리) 目(눈 목) 長(길 장) 學(배울 학) 座(자리 좌) 珠(구슬 주) 體(몸 체) 例(법식 례) 項(목 항) 件(사건 건)

金錢	學科	珠玉	條件

內憂外患 내우외환 — 나라 안팎의 여러 근심거리

- 內(안 내)　　內面(내면)　　域內(역내)　　以內(이내)
- 憂(근심 우)　　憂慮(우려)　　憂愁(우수)　　憂鬱(우울)
- 外(바깥 외)　　外交(외교)　　外貨(외화)　　外侵(외침)
- 患(근심 환)　　患部(환부)　　有備無患(유비무환)

◎ 面(낯 면) 域(지경 역) 以(써 이) 慮(생각할 려) 愁(시름 수) 鬱(막힐 울) 交(사귈 교) 貨(재화 화) 侵(습격할 침) 部(분류 부) 備(갖출 비) 無(없을 무)

域內	憂愁	外貨	患部

單刀直入 단도직입 — 요점이나 핵심에 바로 들어가 말함

- 單(하나 단)　　單一(단일)　　單獨(단독)　　單純(단순)
- 刀(칼 도)　　面刀(면도)　　果刀(과도)　　短刀(단도)
- 直(곧을 직)　　直線(직선)　　直感(직감)　　直觀(직관)
- 入(들 입)　　入場(입장)　　入學(입학)　　入試(입시)

◎ 一(한 일) 獨(홀로 독) 純(순수할 순) 面(낯 면) 果(열매 과) 短(짧을 단) 線(줄 선) 感(느낄 감) 觀(볼 관) 場(마당 장) 學(배울 학) 試(시험할 시)

單獨	果刀	直觀	入試

제2장 사자성어(四字成語)

大器晚成 대기만성 — 큰 그릇은 늦게 이루어짐(크게 될 인물은 늦게 성공함)

- 大(큰 대)　　　大學(대학)　　大氣(대기)　　大陸(대륙)
- 器(그릇 기)　　土器(토기)　　食器(식기)　　茶器(다기)
- 晚(늦을 만)　　晚秋(만추)　　晚學徒(만학도)　早晚間(조만간)
- 成(이룰 성)　　成就(성취)　　成功(성공)　　成績(성적)

◎ 學(배울 학) 氣(기운 기) 陸(뭍 륙) 土(흙 토) 食(먹을 식) 茶(차 차) 秋(가을 추) 徒(무리 도) 早(이를 조) 就(나아갈 취) 功(공 공) 績(실 낳을 적)

大學	茶器	晚秋	成就

東問西答 동문서답 — 묻는 말과 다른 대답

- 東(동녘 동)　　中東(중동)　　東洋(동양)　　東海(동해)
- 問(물을 문)　　問題(문제)　　慰問(위문)　　疑問(의문)
- 西(서녘 서)　　西方(서방)　　西部(서부)　　西歐(서구)
- 答(대답할 답)　答辯(답변)　　正答(정답)　　答訪(답방)

◎ 中(가운데 중) 洋(바다 양) 海(바다 해) 題(제목 제) 慰(위로할 위) 疑(의심할 의) 方(모 방) 部(분류 부) 歐(토할 구) 辯(말 잘할 변) 正(바를 정) 訪(찾을 방)

東洋	問題	西方	正答

同床異夢 동상이몽 — 같은 처지에 있지만 다른 생각을 지님

- 同(같을 동)　　同質(동질)　　同窓(동창)　　同甲(동갑)
- 床(상 상)　　　兼床(겸상)　　着床(착상)　　祭祀床(제사상)
- 異(다를 이)　　異議(이의)　　異見(이견)　　差異(차이)
- 夢(꿈 몽)　　　夢想(몽상)　　解夢(해몽)　　惡夢(악몽)

◇ 質(바탕 질) 窓(창 창) 甲(껍질 갑) 兼(겸할 겸) 着(붙을 착) 祭(제사 제) 議(의논할 의) 見(볼 견) 差(어긋날 차) 想(생각할 상) 解(풀 해) 惡(악할 악)

同質	兼床	異議	夢想

勞心焦思 노심초사 — 마음속으로 애를 써 속을 태움

- 勞(일할 로)　　勞動(노동)　　勞組(노조)　　勤勞(근로)
- 心(마음 심)　　心理(심리)　　關心(관심)　　核心(핵심)
- 焦(애탈 초)　　焦點(초점)　　焦燥(초조)　　焦眉(초미)
- 思(생각할 사)　思考(사고)　　思潮(사조)　　思惟(사유)

◇ 動(움직일 동) 組(끈 조) 勤(부지런할 근) 理(다스릴 리) 關(닫을 관) 核(씨 핵) 點(점 점) 燥(마를 조) 眉(눈썹 미) 考(생각할 고) 潮(조수 조) 惟(생각할 유)

勞動	核心	焦點	思考

大道無門 대도무문 — 큰 도는 정해진 길이 없음

- 大(큰 대) 　　大學(대학)　　大義(대의)　　大入(대입)
- 道(길 도) 　　正道(정도)　　道廳(도청)　　車道(차도)
- 無(없을 무)　　虛無(허무)　　無能(무능)　　無形(무형)
- 門(문 문) 　　正門(정문)　　城門(성문)　　水門(수문)

◎ 學(배울 학) 義(옳을 의) 入(들 입) 正(바를 정) 廳(관청 청) 車(수레 차) 虛(빌 허) 能(능할 능) 形(모양 형) 城(성 성) 水(물 수)

大學	道廳	虛無	城門

東奔西走 동분서주 — 부산하게 이리저리 돌아다님

- 東(동녘 동)　　東海(동해)　　東京(동경)　　東洋(동양)
- 奔(달릴 분)　　奔騰(분등)　　奔馳(분치)　　奔馬(분마)
- 西(서녘 서)　　西歐(서구)　　東問西答(동문서답)
- 走(달릴 주)　　走行(주행)　　逃走(도주)　　疾走(질주)

◎ 海(바다 해) 京(서울 경) 洋(바다 양) 騰(오를 등) 馳(달릴 치) 馬(말 마) 歐(토할 구) 問(물을 문) 答(대답할 답) 行(갈 행) 逃(달아날 도) 疾(병 질)

東海	奔騰	西歐	逃走

龍頭蛇尾 용두사미 — 머리는 용이나 꼬리는 뱀(처음은 좋았으나 끝이 좋지 않음)

- 龍(용 룡)　　　恐龍(공룡)　　青龍(청룡)　　翼龍(익룡)
- 頭(머리 두)　　念頭(염두)　　頭腦(두뇌)　　巨頭(거두)
- 蛇(뱀 사)　　　毒蛇(독사)　　蛇足(사족)　　白蛇(백사)
- 尾(꼬리 미)　　交尾(교미)　　首尾一貫(수미일관)

◎ 恐(두려울 공) 青(푸를 청) 翼(날개 익) 念(생각할 념) 腦(뇌 뇌) 巨(클 거) 毒(독 독) 足(발 족) 白(흰 백) 交(사귈 교) 首(머리 수) 貫(꿸 관)

恐龍	頭腦	毒蛇	交尾

名實相符 명실상부 — 이름과 실상이 서로 꼭 들어맞음

- 名(이름 명)　　名稱(명칭)　　名門(명문)　　汚名(오명)
- 實(열매 실)　　實際(실제)　　眞實(진실)　　實驗(실험)
- 相(서로 상)　　相互(상호)　　位相(위상)　　相續(상속)
- 符(부신 부)　　符號(부호)　　符合(부합)　　符籍(부적)

◎ 稱(일컬을 칭) 門(문 문) 汚(더러울 오) 際(사이 제) 眞(참 진) 驗(증험할 험) 互(서로 호) 位(자리 위) 續(이을 속) 號(부르짖을 호) 合(합할 합) 籍(서적 적)

汚名	實際	相續	符號

明若觀火 명약관화 — 불을 보듯이 분명하고 뻔함

- 明(밝을 명)   分明(분명)   照明(조명)   透明(투명)
- 若(같을 약)   泰然自若(태연자약)   上善若水(상선약수)
- 觀(볼 관)   觀光(관광)   觀念(관념)   觀點(관점)
- 火(불 화)   火災(화재)   火傷(화상)   火星(화성)

◎ 分(나눌 분) 照(비출 조) 透(통할 투) 泰(클 태) 然(그러할 연) 善(착할 선) 光(빛 광) 念(생각할 념) 點(점 점) 災(재앙 재) 傷(상처 상) 星(별 성)

分明	泰然自若	觀光	火傷

武陵桃源 무릉도원 — 도연명의 〈桃花源記〉에 나오는 가상의 선경(속세를 떠난 별천지)

- 武(굳셀 무)   武力(무력)   武裝(무장)   武器(무기)
- 陵(큰 언덕 릉)   丘陵(구릉)   王陵(왕릉)   江陵(강릉)
- 桃(복숭아 도)   白桃(백도)   桃園結義(도원결의)
- 源(근원 원)   資源(자원)   語源(어원)   根源(근원)

◎ 力(힘 력) 裝(꾸밀 장) 器(그릇 기) 丘(언덕 구) 王(임금 왕) 江(강 강) 白(흰 백) 園(동산 원) 結(맺을 결) 資(재물 자) 語(말씀 어) 根(뿌리 근)

武裝	丘陵	白桃	資源

無爲徒食 무위도식 — 아무 하는 일 없이 먹기만 함

- 無(없을 무)　　　無能(무능)　　無職(무직)　　無名(무명)
- 爲(할 위)　　　　行爲(행위)　　人爲(인위)　　營爲(영위)
- 徒(무리 도)　　　信徒(신도)　　生徒(생도)　　徒弟(도제)
- 食(먹을 식)　　　食堂(식당)　　食品(식품)　　飮食(음식)

◎ 能(능할 능) 職(벼슬 직) 名(이름 명) 行(갈 행) 人(사람 인) 營(경영할 영) 信(믿을 신) 生(날 생) 弟(아우 제) 堂(집 당) 品(물건 품) 飮(마실 음)

無能	營爲	信徒	飮食

薄利多賣 박리다매 — 적은 이익으로 많이 팔음

- 薄(엷을 박)　　　薄俸(박봉)　　輕薄(경박)　　薄待(박대)
- 利(이로울 리)　　金利(금리)　　勝利(승리)　　銳利(예리)
- 多(많을 다)　　　多年生(다년생)　　　　　同時多發(동시다발)
- 賣(팔 매)　　　　賣買(매매)　　賣出(매출)　　賣店(매점)

◎ 俸(봉급 봉) 輕(가벼울 경) 待(기다릴 대) 金(쇠 금) 勝(이길 승) 銳(날카로울 예) 年(해 년) 時(때 시) 發(필 발) 買(살 매) 出(날 출) 店(가게 점)

輕薄	勝利	多發	賣買

제2장 사자성어(四字成語)

拔本塞源 발본색원 — 좋지 않은 근본 원인을 완전히 뽑아버림

- 拔(뺄 발)　　選拔(선발)　　拔萃(발췌)　　拔擢(발탁)
- 本(밑 본)　　本校(본교)　　本意(본의)　　原本(원본)
- 塞(막을 색/변방 새)　　要塞(요새)　　塞翁之馬(새옹지마)
- 源(근원 원)　　起源(기원)　　財源(재원)　　發源(발원)

◎ 選(가릴 선) 萃(모일 췌) 擢(뽑을 탁) 校(학교 교) 意(뜻 의) 原(근원 원) 要(구할 요) 翁(늙은이 옹) 馬(말 마) 起(일어날 기) 財(재물 재) 發(필 발)

選拔	原本	要塞	起源

背恩忘德 배은망덕 — 은혜를 잊고 배신함

- 背(등 배)　　背景(배경)　　背信(배신)　　背水陣(배수진)
- 恩(은혜 은)　　恩惠(은혜)　　恩師(은사)　　謝恩會(사은회)
- 忘(잊을 망)　　寤寐不忘(오매불망)　　白骨難忘(백골난망)
- 德(덕 덕)　　道德(도덕)　　美德(미덕)　　德望(덕망)

◎ 景(볕 경) 信(믿을 신) 陣(줄 진) 惠(은혜 혜) 師(스승 사) 謝(사례할 사) 寤(깰 오) 寐(잠잘 매) 難(어려울 난) 道(길 도) 美(아름다울 미) 望(바랄 망)

背信	恩惠	不忘	德望

百年河淸 백년하청 — 백 년이 지난들 황하가 푸르랴(아무리 오랜 시간이 흘러도 변하기 어려움)

- 百(일백 백)　　百戰老將(백전노장)　　百年偕老(백년해로)
- 年(해 년)　　幼年(유년)　凶年(흉년)　青年(청년)
- 河(강 하)　　河川(하천)　運河(운하)　銀河水(은하수)
- 淸(맑을 청)　淸算(청산)　淸潔(청결)　淸貧(청빈)

◎ 戰(싸울 전) 將(장수 장) 偕(함께 해) 幼(어릴 유) 凶(흉할 흉) 青(푸를 청) 川(내 천) 運(돌 운) 銀(은 은) 算(셀 산) 潔(깨끗할 결) 貧(가난할 빈)

百年	幼年	運河	淸潔

附和雷同 부화뇌동 — 주관 없이 남의 의견에 따라 움직임

- 附(붙을 부)　附近(부근)　附設(부설)　附加(부가)
- 和(화할 화)　和解(화해)　調和(조화)　緩和(완화)
- 雷(우레 뢰)　地雷(지뢰)　落雷(낙뢰)　魚雷(어뢰)
- 同(같을 동)　同化(동화)　同時(동시)　共同(공동)

◎ 近(가까울 근) 設(베풀 설) 加(더할 가) 解(풀 해) 調(고를 조) 緩(느릴 완) 地(땅 지) 落(떨어질 락) 魚(고기 어) 化(될 화) 時(때 시) 共(함께 공)

附設	和解	落雷	共同

不撤晝夜 불철주야 — 밤낮을 가리지 않음

- **不**(아니 불)　　　不足(부족)　　不得已(부득이)　　不動産(부동산)
- **撤**(거둘 철)　　　撤收(철수)　　撤去(철거)　　　撤廢(철폐)
- **晝**(낮 주)　　　　晝夜間制(주야간제)　　　晝耕夜讀(주경야독)
- **夜**(밤 야)　　　　夜勤(야근)　　徹夜(철야)　　　深夜(심야)

✓ 足(발 족) 已(이미 이) 産(낳을 산) 收(거둘 수) 去(갈 거) 廢(폐할 폐) 間(사이 간) 制(만들 제) 耕(밭 갈 경) 勤(부지런할 근) 徹(통할 철) 深(깊을 심)

不足	撤收	夜勤	深夜

不恥下問 불치하문 — 아래 사람에게 묻는 것을 부끄러워하지 않음

- **不**(아니 불)　　　　　優柔不斷(우유부단)　　衆寡不敵(중과부적)
- **恥**(부끄러워할 치)　羞恥(수치)　　恥辱(치욕)　　國恥(국치)
- **下**(아래 하)　　　　　引下(이하)　　下待(하대)　　下水溝(하수구)
- **問**(물을 문)　　　　　問安(문안)　　反問(반문)　　訪問(방문)

✓ 柔(부드러울 유) 斷(끊을 단) 寡(적을 과) 羞(부끄러울 수) 辱(수치 욕) 國(나라 국) 引(끌 인) 待(대접할 대) 溝(도랑 구) 安(편안할 안) 反(되돌릴 반) 訪(찾을 방)

羞恥	恥辱	下待	訪問

四面楚歌 사면초가 — 사방에서 초나라 노래가 들림(사방이 적에게 둘러싸여 어찌할 수 없는 처지)

- 四(넉 사)   四方(사방)   四肢(사지)   四柱(사주)
- 面(낯 면)   場面(장면)   畫面(화면)   全面(전면)
- 楚(초나라 초) 苦楚(고초)   楚辭(초사)   楚腰(초요)
- 歌(노래 가)   歌曲(가곡)   歌詞(가사)   歌手(가수)

☺ 方(모 방) 肢(사지 지) 柱(기둥 주) 場(마당 장) 畫(그림 화) 全(온전할 전) 苦(쓸 고) 辭(말 사) 腰(허리 요) 曲(굽을 곡) 詞(말씀 사) 手(손 수)

四柱	畫面	楚辭	歌詞

砂上樓閣 사상누각 — 모래 위에 지은 누각(기초가 튼튼하지 못하여 오래가지 못 하는 일이나 사물)

- 砂(모래 사)   土砂(토사)   砂丘(사구)   砂防林(사방림)
- 上(위 상)   上流(상류)   上昇(상승)   零上(영상)
- 樓(다락 루)   望樓(망루)   牌樓(패루)   廣寒樓(광한루)
- 閣(문설주 각)   內閣(내각)   殿閣(전각)   改閣(개각)

☺ 土(흙 토) 丘(언덕 구) 防(둑 방) 流(흐를 류) 昇(오를 승) 零(영 영) 望(바랄 망) 牌(패 패) 廣(넓을 광) 寒(찰 한) 殿(큰 집 전) 改(고칠 개)

砂丘	上昇	望樓	改閣

제2장 사자성어(四字成語)

事必歸正 사필귀정 — 모든 일은 반드시 바른길로 돌아감

- 事(일 사) 　　工事(공사)　　人事(인사)　　家事(가사)
- 必(반드시 필)　必要(필요)　　必然(필연)　　何必(하필)
- 歸(돌아갈 귀)　歸鄕(귀향)　　歸國(귀국)　　回歸(회귀)
- 正(바를 정) 　正道(정도)　　正常(정상)　　正確(정확)

◎ 工(장인 공) 人(사람 인) 家(집 가) 要(구할 요) 然(그러할 연) 何(어찌 하) 鄕(시골 향) 國(나라 국) 回(돌 회) 道(길 도) 常(항상 상) 確(굳을 확)

家事	必然	歸鄕	正確

殺身成仁 살신성인 — 자기 몸을 희생시켜 옳은 일을 이룸

- 殺(죽일 살)　　殺人(살인)　　暗殺(암살)　　被殺(피살)
- 身(몸 신)　　　身體(신체)　　出身(출신)　　獨身(독신)
- 成(이룰 성)　　成功(성공)　　成果(성과)　　形成(형성)
- 仁(어질 인)　　仁川(인천)　　仁義禮智(인의예지)

◎ 人(사람 인) 暗(어두울 암) 被(입을 피) 體(몸 체) 出(날 출) 獨(홀로 독) 功(공 공) 果(열매 과) 形(모양 형) 川(내 천) 義(옳을 의) 智(슬기 지)

暗殺	身體	成功	仁川

桑田碧海 상전벽해 — 뽕밭이 푸른 바다로 변함(세상일이 너무 빨리 변함)

- 桑(뽕나무 상)　　桑蠶(상잠)　　桑園(상원)　　桑蟲(상충)
- 田(밭 전)　　　　大田(대전)　　火田(화전)　　鹽田(염전)
- 碧(푸를 벽)　　　碧眼(벽안)　　碧山(벽산)　　碧溪水(벽계수)
- 海(바다 해)　　　海邊(해변)　　海流(해류)　　航海(항해)

◎ 蠶(누에 잠) 園(동산 원) 蟲(벌레 충) 大(큰 대) 火(불 화) 鹽(소금 염) 眼(눈 안) 山(뫼 산) 溪(시내 계) 邊(가 변) 流(흐를 류) 航(배 항)

桑蟲	鹽田	碧眼	海邊

塞翁之馬 새옹지마 — 변방 늙은이의 말(세상일은 복이 될지 화가 될지 알 수 없음)

- 塞(변방 새)　　　要塞(요새)　　邊塞(변새)　　北塞風(북새풍)
- 翁(늙은이 옹)　　翁主(옹주)　　醉翁(취옹)　　不倒翁(부도옹)
- 之(어조사 지)　　左右之間(좌우지간)　　過去之事(과거지사)
- 馬(말 마)　　　　騎馬(기마)　　競馬(경마)　　木馬(목마)

◎ 要(원할 요) 邊(가장자리 변) 風(바람 풍) 主(주인 주) 醉(취할 취) 倒(넘어질 도) 間(사이 간) 過(지날 과) 去(갈 거) 騎(말 탈 기) 競(겨룰 경) 木(나무 목)

要塞	醉翁	騎馬	競馬

雪上加霜 설상가상 — 눈 위에 서리가 더해짐(불행한 일이 겹침)

- 雪(눈 설)   暴雪(폭설)   白雪(백설)   除雪(제설)
- 上(위 상)   上部(상부)   以上(이상)   祖上(조상)
- 加(더할 가) 增加(증가)   參加(참가)   加速(가속)
- 霜(서리 상) 風霜(풍상)   霜降(상강)   秋霜(추상)

◇ 暴(사나울 폭) 白(흰 백) 除(덜 제) 部(나눌 부) 以(써 이) 祖(할아버지 조) 增(더할 증) 參(간여할 참) 速(빠를 속) 風(바람 풍) 降(내릴 강) 秋(가을 추)

暴雪	以上	增加	霜降

小貪大失 소탐대실 — 작은 것을 탐하다가 큰 것을 잃음

- 小(작을 소) 小說(소설)   小型(소형)   小賣(소매)
- 貪(탐할 탐) 貪慾(탐욕)   貪官汚吏(탐관오리)
- 大(큰 대)   大概(대개)   大破(대파)   大衆(대중)
- 失(잃을 실) 失望(실망)   失敗(실패)   得失(득실)

◇ 說(말씀 설) 型(거푸집 형) 賣(팔 매) 慾(욕심 욕) 官(벼슬 관) 汚(더러울 오) 吏(벼슬아치 리) 概(대개 개) 破(깰 파) 衆(무리 중) 望(바랄 망) 敗(패할 패) 得(얻을 득)

小說	貪慾	大衆	失望

束手無策 속수무책 — 손을 묶어놔 쓸 대책이 없음(어쩌할 도리 없이 꼼짝 못 함)

- 束(묶을 속)   約束(약속)   拘束(구속)   團束(단속)
- 手(손 수)   手術(수술)   選手(선수)   手法(수법)
- 無(없을 무)   無理(무리)   無料(무료)   無效(무효)
- 策(꾀 책)   對策(대책)   策略(책략)   妙策(묘책)

◎ 約(묶을 약) 拘(잡을 구) 團(모일 단) 術(재주 술) 選(가릴 선) 法(법 법) 理(다스릴 리) 料(헤아릴 료) 效(본받을 효) 對(대답할 대) 略(다스릴 략) 妙(묘할 묘)

約束	手術	無效	對策

脣亡齒寒 순망치한 — 입술이 없으면 이가 시림(가까운 사이에 하나가 망하면 다른 하나도 영향을 받음)

- 脣(입술 순)   平脣(평순)   圓脣(원순)   脣齒音(순치음)
- 亡(잃을 망)   死亡(사망)   逃亡(도망)   滅亡(멸망)
- 齒(이 치)   齒牙(치아)   齒科(치과)   蟲齒(충치)
- 寒(찰 한)   寒食(한식)   酷寒(혹한)   防寒(방한)

◎ 平(평평할 평) 圓(둥글 원) 齒(이 치) 死(죽을 사) 逃(달아날 도) 滅(멸망할 멸) 牙(어금니 아) 科(과정 과) 蟲(벌레 충) 食(먹을 식) 酷(독할 혹) 防(막을 방)

圓脣	逃亡	齒科	酷寒

識字憂患 식자우환 — 학식이 도리어 근심을 가져옴

- 識(알 식)   有識(유식)   認識(인식)   常識(상식)
- 字(글자 자) 漢字(한자)   文字(문자)   略字(약자)
- 憂(근심 우) 憂患(우환)   杞憂(기우)   解憂所(해우소)
- 患(근심 환) 患者(환자)   外患(외환)   疾患(질환)

✓ 有(있을 유) 認(알 인) 常(항상 상) 漢(한나라 한) 文(글월 문) 略(간략할 략) 杞(구기자 기) 解(풀 해) 所(자리 소) 者(놈 자) 外(밖 외) 疾(병 질)

認識	漢字	解憂所	疾患

十匙一飯 십시일반 — 열 숟가락 밥을 모으면 한 사람 먹을 밥이 됨(여럿이 힘을 모아 한 사람을 도와줌)

- 十(열 십)   十月(시월)   十分(십분)   赤十字(적십자)
- 匙(순가락 시) 匙箸(시저)   茶匙(다시)   鑰匙(약시)
- 一(한 일)   一個(일개)   一擧手一投足(일거수일투족)
- 飯(밥 반)   白飯(백반)   飯酒(반주)   殘飯(잔반)

✓ 月(달 월) 分(나눌 분) 赤(붉을 적) 箸(젓가락 저) 茶(차 다) 鑰(자물쇠 약) 個(낱 개) 擧(들 거) 投(던질 투) 白(흰 백) 酒(술 주) 殘(남을 잔)

十分	茶匙	一個	飯酒

我田引水 아전인수 — 자기 논에 물 대기(자기에게 이롭게 함)

- 我(나 아) 自我(자아) 彼我(피아) 我執(아집)
- 田(밭 전) 油田(유전) 田畓(전답) 田園(전원)
- 引(끌 인) 引上(인상) 引用(인용) 牽引(견인)
- 水(물 수) 水質(수질) 湖水(호수) 水平(수평)

☉ 自(스스로 자) 彼(저 피) 執(잡을 집) 油(기름 유) 畓(논 답) 園(동산 원) 上(위 상) 用(쓸 용) 牽(끌 견) 質(바탕 질) 湖(호수 호) 平(평평할 평)

彼我	田畓	引用	湖水

安居危思 안거위사 — 편안할 때 어려움을 미리 대비

- 安(편안할 안) 安定(안정) 安樂(안락) 安保(안보)
- 居(살 거) 住居(주거) 同居(동거) 隱居(은거)
- 危(위태할 위) 危機(위기) 危險(위험) 危害(위해)
- 思(생각할 사) 思想(사상) 思考(사고) 意思(의사)

☉ 定(정할 정) 樂(즐거울 락) 保(지킬 보) 住(살 주) 同(같을 동) 隱(숨길 은) 機(틀 기) 險(험할 험) 害(해칠 해) 想(생각할 상) 考(생각할 고) 意(뜻 의)

安定	隱居	危機	思想

安貧樂道 안빈낙도 — 가난해도 편한 마음으로 도를 즐김

- 安(편안할 안)　　安寧(안녕)　　安逸(안일)　　安息(안식)
- 貧(가난할 빈)　　貧富(빈부)　　極貧(극빈)　　貧困(빈곤)
- 樂(즐거울 락)　　快樂(쾌락)　　樂觀(낙관)　　娛樂(오락)
- 道(길 도)　　　　求道(구도)　　道敎(도교)　　王道(왕도)

◎ 寧(편안할 녕) 逸(달아날 일) 息(숨 쉴 식) 富(풍성할 부) 極(다할 극) 困(괴로울 곤) 快(쾌할 쾌) 觀(볼 관) 娛(즐거워할 오) 求(구할 구) 敎(가르칠 교) 王(임금 왕)

安逸	貧富	快樂	道敎

言行一致 언행일치 — 말과 행동이 일치함

- 言(말씀 언)　　豫言(예언)　　言中有骨(언중유골)
- 行(갈 행)　　　行動(행동)　　銀行(은행)　　旅行(여행)
- 一(한 일)　　　始終一貫(시종일관)　　一帶一路(일대일로)
- 致(이를 치)　　理致(이치)　　致死(치사)　　合致(합치)

◎ 豫(미리 예) 中(가운데 중) 骨(뼈 골) 動(움직일 동) 銀(은 은) 旅(나그네 려) 始(처음 시) 終(끝날 종) 貫(꿸 관) 帶(띠 대) 理(다스릴 리) 合(합할 합)

豫言	行動	一貫	理致

易地思之 역지사지 — 처지를 바꾸어 생각함

- 易(바꿀 역) 貿易(무역) 交易(교역) 易經(역경)
- 地(땅 지) 地球(지구) 地域(지역) 地點(지점)
- 思(생각할 사) 思索(사색) 深思熟考(심사숙고)
- 之(어조사 지) 過去之事(과거지사) 已往之事(이왕지사)

◎ 貿(바꿀 무) 交(사귈 교) 經(경서 경) 球(공 구) 域(지경 역) 點(점 점) 索(찾을 색) 深(깊을 심) 熟(익을 숙) 過(지날 과) 已(이미 이) 往(갈 왕)

貿易	地球	地點	思索

緣木求魚 연목구어 — 나무에서 물고기를 구함(불가능한 일을 무리해서 이루려고 함)

- 緣(연유할 연) 因緣(인연) 事緣(사연) 緣由(연유)
- 木(나무 목) 木材(목재) 木手(목수) 木造(목조)
- 求(구할 구) 要求(요구) 欲求(욕구) 請求(청구)
- 魚(물고기 어) 魚類(어류) 人魚(인어) 魚族(어족)

◎ 因(까닭 인) 事(일 사) 由(말미암을 유) 材(재목 재) 手(손 수) 造(지을 조) 要(구할 요) 欲(하고자 할 욕) 請(청할 청) 類(무리 류) 人(사람 인) 族(겨레 족)

因緣	木造	請求	魚類

五里霧中 오리무중 — 넓게 퍼진 안개 속에 있음(도무지 알 수가 없음)

- 五(다섯 오)　　五大洋(오대양)　　　五十步百步(오십보백보)
- 里(마을 리)　　異域萬里(이역만리)　　萬里長城(만리장성)
- 霧(안개 무)　　霧散(무산)　　雲霧(운무)　　煙霧(연무)
- 中(가운데 중)　　中央(중앙)　　中心(중심)　　中止(중지)

◎ 洋(바다 양) 步(걸음 보) 異(다를 이) 域(지경 역) 長(긴 장) 城(성 성) 散(흩어질 산) 雲(구름 운) 煙(연기 연) 央(가운데 앙) 心(마음 심) 止(그칠 지)

五大洋	萬里	霧散	中央

烏飛梨落 오비이락 — 까마귀 날자 배 떨어진다(어떤 일이 마침 다른 일과 때가 같아 의심받음)

- 烏(까마귀 오)　　烏鵲橋(오작교)　　　烏合之卒(오합지졸)
- 飛(날 비)　　飛行(비행)　　飛翔(비상)　　雄飛(웅비)
- 梨(배 리)　　山梨(산리)　　梨花女大(이화여대)
- 落(떨어질 락)　　沒落(몰락)　　墜落(추락)　　脫落(탈락)

◎ 鵲(까치 작) 橋(다리 교) 卒(군사 졸) 行(갈 행) 翔(날 상) 雄(수컷 웅) 山(뫼 산) 花(꽃 화) 女(계집 녀) 沒(가라앉을 몰) 墜(떨어질 추) 脫(벗을 탈)

烏鵲橋	飛翔	梨花	墜落

溫故知新 온고지신 — 옛것을 익히고 이를 통해 새로운 것을 창신함

- 溫(따뜻할 온)   溫度(온도)   溫泉(온천)   體溫(체온)
- 故(예 고)   故鄕(고향)   故國(고국)   故障(고장)
- 知(알 지)   知識(지식)   知能(지능)   知覺(지각)
- 新(새 신)   新聞(신문)   革新(혁신)   新設(신설)

✓ 度(법도 도) 泉(샘 천) 體(몸 체) 鄕(시골 향) 國(나라 국) 障(가로막을 장) 識(알 식) 能(능할 능) 覺(깨달을 각) 聞(들을 문) 革(가죽 혁) 設(베풀 설)

溫泉	故鄕	知識	新聞

臥薪嘗膽 와신상담 — 원수를 갚기 위하여 굳은 결심으로 고생을 참고 견딤

- 臥(누울 와)   臥佛(와불)   臥龍(와룡)   臥牛形(와우형)
- 薪(땔나무 신)   薪炭(신탄)   薪水(신수)   薪木(신목)
- 嘗(맛볼 상)   未嘗不(미상불)   孟嘗君(맹상군)
- 膽(쓸개 담)   肝膽(간담)   膽力(담력)   落膽(낙담)

✓ 佛(부처 불) 龍(용 룡) 牛(소 우) 形(모양 형) 炭(숯 탄) 木(나무 목) 未(아닐 미) 孟(맏 맹) 君(임금 군) 肝(간 간) 力(힘 력) 落(떨어질 락)

臥佛	薪炭	未嘗不	肝膽

外柔内剛 외유내강 — 겉은 부드러워도 속은 강함

- 外(바깥 외)   海外(해외)   外部(외부)   除外(제외)
- 柔(부드러울 유)   柔道(유도)   柔軟(유연)   懷柔(회유)
- 内(안 내)   内容(내용)   市内(시내)   室内(실내)
- 剛(굳셀 강)   剛斷(강단)   剛直(강직)   金剛山(금강산)

◎ 海(바다 해) 部(떼 부) 除(덜 제) 道(길 도) 軟(연할 연) 懷(품을 회) 容(얼굴 용) 市(저자 시) 室(집 실) 斷(끊을 단) 直(곧을 직) 金(쇠 금)

海外	柔道	内容	剛斷

愚公移山 우공이산 — 어리석은 영감이 산을 옮김(어떤 일이든 꾸준히 하면 반드시 성사됨)

- 愚(어리석을 우)   愚問賢答(우문현답)   愚民政策(우민정책)
- 公(공평할 공)   公務(공무)   公約(공약)   公人(공인)
- 移(옮길 이)   移民(이민)   移動(이동)   轉移(전이)
- 山(뫼 산)   山岳(산악)   江山(강산)   登山(등산)

◎ 問(물을 문) 賢(어질 현) 答(대답할 답) 政(정사 정) 策(채찍 책) 務(일 무) 約(묶을 약) 動(움직일 동) 轉(옮길 전) 岳(큰 산 악) 江(강 강) 登(오를 등)

公務	移動	江山	登山

牛步千里 우보천리 — 소의 걸음으로 천 리를 감(서두르지 않고 일을 처리함)

- 牛(소 우) 　牛生馬死(우생마사) 　牛耳讀經(우이독경)
- 步(걸음 보) 　進步(진보) 　讓步(양보) 　踏步(답보)
- 千(일천 천) 　千軍萬馬(천군만마) 　千不當萬不當(천부당만부당)
- 里(마을 리) 　不遠千里(불원천리) 　五里霧中(오리무중)

⊙ 耳(귀 이) 讀(익을 독) 經(경서 경) 進(나아갈 진) 讓(사양할 양) 踏(밟을 답) 軍(군사 군) 馬(말 마) 當(마땅할 당) 萬(일 만 만) 遠(멀 원) 霧(안개 무)

牛耳讀經	千軍萬馬	讓步

一擧兩得 일거양득 — 하나로 두 가지 이득을 봄

- 一(한 일) 　一次(일차) 　一念(일념) 　一生(일생)
- 擧(들 거) 　選擧(선거) 　列擧(열거) 　科擧(과거)
- 兩(두 량) 　兩分(양분) 　黃金百萬兩(황금백만냥)
- 得(얻을 득) 　所得(소득) 　得失(득실) 　說得(설득)

⊙ 次(다음 차) 念(생각할 념) 生(날 생) 選(가릴 선) 列(줄 렬) 科(과정 과) 分(나눌 분) 黃(누를 황) 兩(두 량) 所(자리 소) 失(잃을 실) 說(말씀 설)

一念	選擧	兩分	說得

一場春夢 일장춘몽 — 한바탕 봄날의 꿈(덧없는 꿈)

- 一(한 일)　　　一石二鳥(일석이조)　　一言半句(일언반구)
- 場(마당 장)　　場面(장면)　　立場(입장)　　市場(시장)
- 春(봄 춘)　　　春窮(춘궁)　　回春(회춘)　　賣春(매춘)
- 夢(꿈 몽)　　　夢幻(몽환)　　夢想(몽상)　　夢遊病(몽유병)

◎ 石(돌 석) 鳥(새 조) 句(글귀 구) 面(낯 면) 立(설 립) 市(저자 시) 窮(다할 궁) 回(돌 회) 賣(팔 매) 幻(미혹할 환) 想(생각할 상) 遊(놀 유) 病(병 병)

場面	春窮	夢幻	夢想

日就月將 일취월장 — 날로 달로 성장함

- 日(날 일)　　　日常(일상)　　韓日(한일)　　曜日(요일)
- 就(나아갈 취)　就任(취임)　　成就(성취)　　就航(취항)
- 月(달 월)　　　月給(월급)　　月刊(월간)　　月光(월광)
- 將(장수 장)　　將帥(장수)　　將來(장래)　　將軍(장군)

◎ 常(항상 상) 韓(한나라 한) 曜(빛날 요) 任(맡길 임) 成(이룰 성) 航(배 항) 給(줄 급) 刊(책 펴낼 간) 光(빛 광) 帥(장수 수) 來(올 래) 軍(군사 군)

日常	就任	月給	將帥

一筆揮之 일필휘지 — 단숨에 글씨나 글을 씀

- 一(한 일)　　　　滿場一致(만장일치)　　　千篇一律(천편일률)
- 筆(붓 필)　　　　筆記(필기)　　隨筆(수필)　　執筆(집필)
- 揮(휘두를 휘)　　揮毫(휘호)　　陣頭指揮(진두지휘)
- 之(어조사 지)　　自激之心(자격지심)　苦肉之策(고육지책)

◎ 滿(찰 만) 場(마당 장) 致(이를 치) 篇(책 편) 律(법 률) 記(기록할 기) 隨(따를 수) 執(잡을 집) 毫(가는 털 호) 陣(진영 진) 頭(머리 두) 指(가리킬 지) 激(물결 부딪칠 격) 苦(쓸 고) 策(채찍 책)

一致	筆記	揮毫	執筆

自強不息 자강불식 — 스스로 힘써 쉬지 않음

- 自(스스로 자)　　自發(자발)　　自決(자결)　　自炊(자취)
- 強(굳셀 강)　　　莫強(막강)　　強打(강타)　　強化(강화)
- 不(아니 불)　　　遲遲不進(지지부진)　　表裏不同(표리부동)
- 息(숨쉴 식)　　　消息(소식)　　休息(휴식)　　安息(안식)

◎ 發(필 발) 決(결단할 결) 炊(불 땔 취) 莫(없을 막) 打(칠 타) 化(될 화) 遲(늦을 지) 進(나아갈 진) 表(겉 표) 裏(속 리) 消(사라질 소) 休(쉴 휴) 安(편안할 안)

自發	強化	休息	安息

自繩自縛 자승자박 — 자기 끈으로 자기를 묶음(자신이 한 말이나 행동으로 자신이 구속되어 괴로움을 당함)

- 自(스스로 자)　自覺(자각)　自律(자율)　自救策(자구책)
- 繩(노끈 승)　捕繩(포승)　結繩(결승)　火繩銃(화승총)
- 縛(묶을 박)　束縛(속박)　結縛(결박)　捕縛(포박)

○ 覺(느낄 각) 律(법 률) 救(건질 구) 策(채찍 책) 捕(사로잡을 포) 結(맺을 결) 火(불 화) 銃(총 총) 束(묶을 속)

自覺	捕繩	束縛	結縛

自中之亂 자중지란 — 자기편 안에서 일어나는 혼란

- 自(스스로 자)　自然(자연)　自動(자동)　自主(자주)
- 中(가운데 중)　集中(집중)　中繼(중계)　中堅(중견)
- 之(어조사 지)　晩時之歎(만시지탄)　破竹之勢(파죽지세)
- 亂(어지러울 란)　亂世(난세)　狂亂(광란)　混亂(혼란)

○ 然(그러할 연) 動(움직일 동) 主(주인 주) 集(모일 집) 繼(이을 계) 堅(굳을 견) 晩(늦을 만) 歎(읊을 탄) 破(깨뜨릴 파) 勢(기세 세) 世(세상 세) 狂(미칠 광) 混(섞을 혼)

自然	中繼	亂世	混亂

賊反荷杖 적반하장 — 도둑이 도리어 매를 듬(잘못한 자가 아무 잘못이 없는 사람을 도리어 나무람)

- 賊(도둑 적)   盜賊(도적)   逆賊(역적)   馬賊團(마적단)
- 反(돌이킬 반) 反對(반대)   反目(반목)   反省(반성)
- 荷(멜 하)   出荷(출하)   荷役(하역)   荷重(하중)
- 杖(지팡이 장) 棍杖(곤장)   短杖(단장)   杖刑(장형)

◎ 盜(훔칠 도) 逆(거스릴 역) 團(덩어리 단) 對(대할 대) 目(눈 목) 省(살필 성) 出(날 출) 役(부릴 역) 重(무거울 중) 棍(몽둥이 곤) 短(짧을 단) 刑(형벌 형)

盜賊	反對	荷役	棍杖

轉禍爲福 전화위복 — 화가 바뀌어 복이 됨

- 轉(돌릴 전)   轉換(전환)   運轉(운전)   移轉(이전)
- 禍(재앙 화)   禍根(화근)   筆禍(필화)   水禍(수화)
- 爲(할 위)   利敵行爲(이적행위)   無爲而治(무위이치)
- 福(복 복)   幸福(행복)   祝福(축복)   福祉(복지)

◎ 換(바꿀 환) 運(돌 운) 移(옮길 이) 根(뿌리 근) 筆(붓 필) 水(물 수) 利(이로울 리) 敵(원수 적) 治(다스릴 치) 幸(다행 행) 祝(빌 축) 祉(복 지)

轉換	禍根	無爲	祝福

衆口難防 중구난방 — 여러 사람의 입은 막기 어렵다(여러 사람이 마구 지껄여 댐)

- 衆(무리 중)   民衆(민중)   大衆(대중)   群衆(군중)
- 口(입 구)   口傳(구전)   窓口(창구)   口語(구어)
- 難(어려울 난) 難民(난민)   受難(수난)   難題(난제)
- 防(막을 방)   國防(국방)   防止(방지)   防犯(방범)

⊙ 民(백성 민) 大(큰 대) 群(무리 군) 傳(전할 전) 窓(창 창) 語(말씀 어) 受(받을 수) 題(표제 제) 國(나라 국) 止(그칠 지) 犯(범할 범)

民衆	口傳	受難	防犯

指鹿爲馬 지록위마 — 사슴을 가리키며 말이라고 함(윗사람을 농락하여 권세를 마음대로 휘두름)

- 指(가리킬 지) 指導(지도)   指針(지침)   指揮(지휘)
- 鹿(사슴 록)   青鹿派(청록파)   白鹿潭(백록담)
- 爲(할 위)   不正行爲(부정행위)   爲人設官(위인설관)
- 馬(말 마)   出馬(출마)   河馬(하마)   乘馬(승마)

⊙ 導(이끌 도) 針(바늘 침) 揮(휘두를 휘) 青(푸를 청) 派(물갈래 파) 潭(못 담) 正(바를 정) 設(세울 설) 官(벼슬 관) 河(강 하) 乘(탈 승)

指導	青鹿派	行爲	乘馬

千載一遇 천재일우 — 천 년에 한 번 만날 좋은 기회

- 千(일천 천)   千辛萬苦(천신만고)   千態萬象(천태만상)
- 載(실을 재)   積載(적재)   搭載(탑재)   連載(연재)
- 一(한 일)   第一(제일)   劃一(획일)   同一(동일)
- 遇(만날 우)   禮遇(예우)   境遇(경우)   不遇(불우)

◎ 辛(매울 신) 苦(쓸 고) 態(모양 태) 象(모양 상) 積(쌓을 적) 搭(탈 탑) 連(이어질 련) 第(차례 제) 劃(그을 획) 同(같을 동) 禮(예도 례) 境(지경 경)

積載	連載	劃一	禮遇

青出於藍 청출어람 — 남색에서 나온 청색이 남색보다 더 푸르다 (제자가 스승보다 낫다)

- 青(푸를 청)   青年(청년)   青春(청춘)   青山(청산)
- 出(날 출)   出處(출처)   出身(출신)   演出(연출)
- 於(어조사 어)   於中間(어중간)   於此彼(어차피)
- 藍(쪽 람)   伽藍(가람)   藍色(남색)   青藍色(청람색)

◎ 年(해 년) 春(봄 춘) 處(곳 처) 身(몸 신) 演(펼 연) 間(사이 간) 此(이 차) 彼(저 피) 伽(절 가) 色(빛 색)

青春	出處	演出	藍色

제2장 사자성어(四字成語)

初志一貫 초지일관 — 처음의 뜻을 끝까지 밀고 감

- 初(처음 초)　　初心(초심)　　始初(시초)　　初步(초보)
- 志(뜻 지)　　　志向(지향)　　遺志(유지)　　同志(동지)
- 一(한 일)　　　一瀉千里(일사천리)　　始終一貫(시종일관)
- 貫(뚫을 관)　　貫通(관통)　　貫徹(관철)　　本貫(본관)

☑ 心(마음 심) 始(처음 시) 步(걸음 보) 向(향할 향) 遺(남길 유) 同(같을 동) 瀉(쏟을 사) 里(거리 리) 始(처음 시) 終(끝날 종) 通(통할 통) 徹(통할 철) 本(밑 본)

初心	遺志	貫通	貫徹

寸鐵殺人 촌철살인 — 작고 날카로운 쇠붙이로 사람을 죽임(짧은 말로 급소를 찌름)

- 寸(마디 촌)　　寸志(촌지)　　寸評(촌평)　　三寸(삼촌)
- 鐵(쇠 철)　　　鐵道(철도)　　電鐵(전철)　　鐵板(철판)
- 殺(죽일 살)　　殺生有擇(살생유택)　　殺身成仁(살신성인)
- 人(사람 인)　　人工(인공)　　個人(개인)　　人種(인종)

☑ 志(뜻 지) 評(평할 평) 道(길 도) 電(번개 전) 板(널빤지 판) 擇(가릴 택) 成(이룰 성) 仁(어질 인) 工(장인 공) 個(낱 개) 種(씨 종)

寸評	鐵道	殺生	人種

七顚八起 칠전팔기 — 일곱 번 넘어져도 여덟 번 일어남(여러 번의 실패도 굽히지 않고 도전함)

- 七(일곱 칠)　　七旬(칠순)　　男女七歲不同席(남녀칠세부동석)
- 顚(넘어질 전)　　顚覆(전복)　　本末顚倒(본말전도)
- 八(여덟 팔)　　二八靑春(이팔청춘)　　四月初八日(사월초파일)
- 起(일어날 기)　　起承轉結(기승전결)　　起死回生(기사회생)

◎ 旬(열흘 순) 歲(해 세) 席(자리 석) 覆(뒤집힐 복) 本(밑 본) 末(끝 말) 倒(넘어질 도) 靑(푸를 청) 春(봄 춘) 初(처음 초) 承(이을 승) 轉(옮길 전) 結(맺을 결) 起(일어날 기) 回(돌 회)

七旬	顚覆	起承轉結

他山之石 타산지석 — 남의 산에 있는 돌(남의 하찮은 언행도 자기 수양에 도움이 됨)

- 他(다를 타)　　其他(기타)　　他人(타인)　　他鄕(타향)
- 山(뫼 산)　　山戰水戰(산전수전)　　錦繡江山(금수강산)
- 之(어조사 지)　　窮餘之策(궁여지책)　　無我之境(무아지경)
- 石(돌 석)　　石炭(석탄)　　寶石(보석)　　石塔(석탑)

◎ 其(그 기) 鄕(시골 향) 戰(싸울 전) 錦(비단 금) 繡(수놓을 수) 窮(다할 궁) 餘(남을 여) 策(꾀 책) 境(지경 경) 炭(숯 탄) 寶(보배 보) 塔(탑 탑)

其他	江山	寶石	石塔

卓上空論 탁상공론 — 실현성이 없는 허황된 이론

- 卓(높을 탁)　　卓越(탁월)　　食卓(식탁)　　卓球(탁구)
- 上(위 상)　　　世上(세상)　　頂上(정상)　　最上(최상)
- 空(빌 공)　　　色卽是空(색즉시공)　　無主空山(무주공산)
- 論(의론할 론)　辯論(변론)　　公論(공론)　　總論(총론)

◎ 越(넘을 월) 食(먹을 식) 球(공 구) 世(세상 세) 頂(꼭대기 정) 最(가장 최) 色(빛 색) 卽(곧 즉) 主(주인 주) 辯(말 잘할 변) 公(공평할 공) 總(합칠 총)

卓越	頂上	辯論	總論

風前燈火 풍전등화 — 바람 앞의 등불

- 風(바람 풍)　風習(풍습)　　風流(풍류)　　風聞(풍문)
- 前(앞 전)　　前進(전진)　　前提(전제)　　前職(전직)
- 燈(등 등)　　電燈(전등)　　燈臺(등대)　　燃燈(연등)
- 火(불 화)　　放火(방화)　　火病(화병)　　防火(방화)

◎ 習(익힐 습) 流(흐를 류) 聞(들을 문) 進(나아갈 진) 提(들 제) 職(벼슬 직) 電(번개 전) 臺(대 대) 燃(탈 연) 放(놓을 방) 病(병 병) 防(막을 방)

風習	前職	電燈	火病

鶴首苦待 학수고대 — 학의 목처럼 목을 길게 늘여 빼고 기다림(애타게 기다림)

- 鶴(학 학)　　　紅鶴(홍학)　　群鷄一鶴(군계일학)
- 首(머리 수)　　首都(수도)　　首席(수석)　　斬首(참수)
- 苦(쓸 고)　　　苦悶(고민)　　苦心(고심)　　苦行(고행)
- 待(기다릴 대)　招待(초대)　　期待(기대)　　優待(우대)

☉ 紅(붉을 홍) 群(무리 군) 鷄(닭 계) 都(도읍 도) 席(자리 석) 斬(벨 참) 悶(번민할 민) 心(마음 심) 行(갈 행) 招(부를 초) 期(기약할 기) 優(넉넉할 우)

紅鶴	首都	苦心	優待

虛張聲勢 허장성세 — 실속은 없으면서 허세만 부림

- 虛(빌 허)　　　虛空(허공)　　虛僞(허위)　　虛數(허수)
- 張(베풀 장)　　主張(주장)　　擴張(확장)　　伸張(신장)
- 聲(소리 성)　　名聲(명성)　　歎聲(탄성)　　發聲(발성)
- 勢(기세 세)　　姿勢(자세)　　弱勢(약세)　　情勢(정세)

☉ 虛(빌 허) 僞(거짓 위) 數(셀 수) 主(주인 주) 擴(넓힐 확) 伸(펼 신) 名(이름 명) 歎(읊을 탄) 發(필 발) 姿(맵시 자) 弱(약할 약) 情(뜻 정)

虛空	擴張	名聲	情勢

好事多魔 호사다마 — 좋은 일에는 안 좋은 일들도 많이 발생함

- 好(좋을 호)   好評(호평)   好況(호황)   好喪(호상)
- 事(일 사)   事務(사무)   行事(행사)   慘事(참사)
- 多(많을 다)   多樣(다양)   多作(다작)   最多(최다)
- 魔(마귀 마)   惡魔(악마)   魔術(마술)   魔女(마녀)

◎ 評(평할 평) 況(상황 황) 喪(죽을 상) 務(일 무) 行(갈 행) 慘(참혹할 참) 樣(모양 양) 作(지을 작) 最(가장 최) 惡(악할 악) 術(꾀 술) 女(계집 녀)

好評	事務	多樣	魔術

惑世誣民 혹세무민 — 세상을 어지럽히고 백성을 속임

- 惑(미혹할 혹) 疑惑(의혹)   誘惑(유혹)   魅惑(매혹)
- 世(인간 세)   世俗(세속)   近世(근세)   來世(내세)
- 誣(속일 무)   誣告(무고)   誣害(무해)   誣陷(무함)
- 民(백성 민)   國民(국민)   農民(농민)   貧民(빈민)

◎ 疑(의심할 의) 誘(꾈 유) 魅(홀릴 매) 俗(풍속 속) 近(가까울 근) 來(올 래) 告(알릴 고) 害(해칠 해) 陷(빠질 함) 國(나라 국) 農(농사 농) 貧(가난할 빈)

疑惑	俗世	誣告	貧民

弘益人間 홍익인간 — 널리 인간 세계를 이롭게 함

- 弘(클 홍)　　　弘報(홍보)　　弘報費(홍보비)　弘文館(홍문관)
- 益(더할 익)　　收益(수익)　　便益(편익)　　實益(실익)
- 人(사람 인)　　人物(인물)　　軍人(군인)　　人類(인류)
- 間(사이 간)　　夜間(야간)　　晝間(주간)　　行間(행간)

◎ 報(알릴 보) 費(쓸 비) 館(집 관) 收(거둘 수) 便(편할 편) 實(열매 실) 物(만물 물) 軍(군사 군) 類(무리 류) 夜(밤 야) 晝(낮 주) 行(갈 행)

弘報	便益	軍人	夜間

畵龍點睛 화룡점정 — 용을 그릴 때 눈동자에 점을 찍음(가장 중요한 부분을 완성)

- 畵(그림 화)　　　畵家(화가)　　映畵(영화)　　漫畵(만화)
- 龍(용 룡)　　　　龍顔(용안)　　飛龍(비룡)　　成龍(성룡)
- 點(점 점)　　　　長點(장점)　　焦點(초점)　　學點(학점)
- 睛(눈동자 정)　　黑睛(흑정)　　眼睛疲勞(안정피로)

◎ 家(집 가) 映(비출 영) 漫(질펀할 만) 顔(얼굴 안) 飛(날 비) 成(이룰 성) 長(긴 장) 焦(그을릴 초) 學(배울 학) 黑(검을 흑) 眼(눈 안) 疲(지칠 피) 勞(일할 로)

畵家	龍顔	長點	黑睛

換骨奪胎 환골탈태 — 뼈대를 바꾸고 태를 바꾸어 씀(낡은 것을 바꿔 새롭게 고침)

- 換(바꿀 환)   交換(교환)   換乘(환승)   換率(환율)
- 骨(뼈 골)   骨格(골격)   骨材(골재)   露骨的(노골적)
- 奪(빼앗을 탈) 收奪(수탈)   剝奪(박탈)   奪取(탈취)
- 胎(아이밸 태) 胎兒(태아)   落胎(낙태)   母胎(모태)

◎ 交(사귈 교) 乘(탈 승) 率(비율 률) 格(격식 격) 材(재목 재) 露(이슬 로) 收(거둘 수) 剝(벗길 박) 取(취할 취) 兒(아이 아) 落(떨어질 락) 母(어미 모)

換乘	骨格	收奪	胎兒

會者定離 회자정리 — 만나면 반드시 헤어지게 됨

- 會(모일 회) 社會(사회)   司會(사회)   機會(기회)
- 者(놈 자)   著者(저자)   去者必返(거자필반)
- 定(정할 정) 決定(결정)   一定(일정)   定義(정의)
- 離(떠날 리) 離別(이별)   隔離(격리)   乖離(괴리)

◎ 社(모일 사) 司(맡을 사) 機(틀 기) 著(지을 저) 必(반드시 필) 返(돌아올 반) 決(결단할 결) 議(의논할 의) 隔(사이 뜰 격) 乖(어그러질 괴)

社會	著者	定義	離別

제3장

단문(短文)

己所不欲, 勿施於人. 《論語》

— 자기가 하기 싫은 일을 남에게 시키지 말라.

己(자기 기) 所(바 소) 不(아니 불) 欲(하고자 할 욕) 勿(말 물) 施(베풀 시) 於(어조사 어) 人(사람 인)

- 不正(부정) 不實(부실) 不在(부재) 欲望(욕망) 欲求(욕구) 意欲(의욕) 人間(인간) 人物(인물) 人權(인권)

不正	欲求	人間	人權

敏於事而愼於言. 《論語》

— 일에는 민첩하지만 말은 신중하게 한다.

敏(민첩할 민) 於(어조사 어, ~에, ~에서) 事(일 사) 而(말 이을 이) 愼(삼가할 신) 言(말씀 언)

- 敏感(민감) 過敏(과민) 事實(사실) 事業(사업) 謹愼(근신) 愼重(신중) 言行(언행) 言爭(언쟁)

過敏	事業	謹愼	言爭

苛政猛於虎也.《論語》

— 가혹한 통치는 호랑이보다 사납다.

苛(가혹할 가) 政(정사 정/칠 정) 猛(사나울 맹) 於(어조사 어) 虎(범 호) 也(어조사 야, ~이다)

◎ 苛酷(가혹) 政策(정책) 政府(정부) 政治(정치) 猛獸(맹수) 勇猛(용맹) 猛毒性(맹독성) 虎口(호구) 飛虎(비호)

苛酷	政府	猛獸	飛虎

君子不器.《論語》

— 군자는 한 용도로 사용되는 그릇과 같지 않다.

君(임금 군) 子(아들 자) 不(아닐 불) 器(그릇 기)

◎ 君主(군주) 暴君(폭군) 妻子(처자) 孝子(효자) 不良(불량) 不滿(불만) 武器(무기) 樂器(악기)

君主	妻子	不滿	武器

一日不讀書, 口中生荊棘. 《推句》

— 하루라도 글을 읽지 않으면, 입안에서 가시가 돋아난다.

一(한 일) 日(날 일) 讀(읽을 독) 書(글 서) 口(입 구) 中(가운데 중) 生(날 생) 荊(가시나무 형) 棘(가시 극)

⊙ 一生(일생) 日沒(일몰) 多讀(다독) 書店(서점) 書藝(서예) 入口(입구) 口傳(구전) 中間(중간) 生水(생수)

多讀	書藝	口傳	中間

人之在世不可無友. 《小學》

— 사람이 세상을 사는데 벗이 없으면 안 된다.

人(사람 인) 之(갈지) 在(있을 재) 世(인간 세) 可(옳을 가) 無(없을 무) 友(벗 우)

⊙ 成人(성인) 在學(재학) 在野(재야) 世界(세계) 世代(세대) 許可(허가) 可否(가부) 無意識(무의식) 友情(우정)

成人	世界	許可	友情

修身齊家治國平天下.《大學》

— 몸을 수양한 후에 집안을 가지런히 하고 나라를 다스리고 천하를 화평하게 한다.

修(닦을 수) 身(몸 신) 齊(가지런할 제) 家(집 가) 治(다스릴 치) 國(나라 국) 平(평평할 평)

◎ 修辭(수사) 修養(수양) 信分(신분) 齊唱(제창) 家具(가구) 法治(법치) 國籍(국적) 衡平(형평)

修辭	身分	家具	法治

樹欲靜而風不止.《韓詩外傳》

— 나무는 고요하게 있고 싶지만 바람은 그치지 않는다.

樹(나무 수) 欲(하고자 할 욕) 靜(고요할 정) 而(말 이을 이) 風(바람 풍) 止(멈출 지)

◎ 樹木園(수목원) 果樹(과수) 欲心(욕심) 動靜(동정) 靜中動(정중동) 風力(풍력) 風景(풍경) 停止(정지)

果樹	動靜	風景	停止

子欲養而親不待.《韓詩外傳》

— 자식이 어버이를 봉양하고자 하나 어버이는 기다려주지 않는다.

子(아들 자) 欲(하고자 할 욕) 養(기를 양) 而(말 이을 이) 親(친할 친) 待(기다릴 대)

◎ 孫子(손자) 電子(전자) 養育(양육) 養成(양성) 親書(친서) 先親(선친) 待遇(대우) 期待(기대)

電子	養育	親書	待遇

不義而富且貴, 於我如浮雲.《論語》

— 의롭지 않으면서 부귀해지는 것은 나에게는 뜬구름과 같다.

義(옳을 의) 富(풍성할 부) 且(또 차) 貴(귀할 귀) 於(어조사 어, ~에, ~보다) 如(같을 여) 浮(뜰 부) 雲(구름 운)

◎ 主義(주의) 義務(의무) 富強(부강) 貴族(귀족) 如意珠(여의주) 浮上(부상) 浮刻(부각) 雲集(운집)

義務	富強	貴族	雲集

제3장 단문(短文)

仁者必有勇, 勇者不必有仁.《論語》

— 어진 사람은 반드시 용기가 있으나 용기 있는 사람이 반드시 어진 사람은 아니다.

仁(어질 인) 者(놈 자) 必(반드시 필) 有(있을 유) 勇(날쌜 용)

- 仁術(인술) 殺身成仁(살신성인) 著者(저자) 兩者擇一(양자택일) 必勝(필승) 有權者(유권자) 勇士(용사)

仁術	著者	必勝	勇士

夫子之道, 忠恕而已矣.《論語》

— 선생님의 도는 '충성과 용서'일 뿐이다.

夫(지아비 부) 之(어조사 지) 道(길 도) 忠(충성 충) 恕(용서할 서) 而(말 이을 이) 已(이미 이) 矣(어조사 의) ~而已矣: 문장 끝에 사용되어 '~일 뿐이다'

- 夫婦(부부) 丈夫(장부) 人道(인도) 國道(국도) 忠節(충절) 容恕(용서) 不得已(부득이) 已往(이왕)

夫婦	人道	忠節	容恕

有志者事竟成.《後漢書》

— 뜻이 있으면 일은 반드시 이루어진다.

有(있을 유) 志(뜻 지) 者(놈 자) 事(일 사) 竟(마침내 경) 成(이룰 성)

⊙ 固有(고유) 有名(유명) 志願(지원) 同志(동지) 信者(신자) 理事(이사) 事例(사례) 畢竟(필경) 形成(형성)

固有	志願	信者	事例

世人皆濁, 我獨淸.〈漁父辭〉

— 세상 사람이 다 더러운데 나만 깨끗하다.

世(세상 세) 皆(다 개) 濁(흐릴/더러울 탁) 獨(홀로 독) 淸(맑을 청)

⊙ 來世(내세) 俗世(속세) 皆勤(개근) 淸濁(청탁) 濁酒(탁주) 獨島(독도) 獨斷(독단) 淸風明月(청풍명월)

俗世	淸濁	獨島	淸風

衆人皆醉, 我獨醒. 〈漁父辭〉

— 여러 사람이 다 취해 있지만 나만이 깨어 있다.

衆(무리 중) 皆(다 개) 醉(취할 취) 獨(홀로 독) 醒(깰 성)

◯ 大衆(대중) 聽衆(청중) 醉中眞談(취중진담) 痲醉(마취) 天上天下唯我獨尊(천상천하유아독존) 孤獨(고독) 覺醒(각성)

聽衆	痲醉	孤獨	覺醒

泰山不辭土壤, 故能成其大. (李斯)

— 태산은 흙덩이를 사양하지 않아 거대함을 이루었다.

泰(클 태) 辭(말/사양할 사) 壤(흙 양) 故(옛/그러므로 고) 能(능할 능) 成(이룰 성) 其(그 기)

◯ 泰國(태국) 泰然(태연) 言辭(언사) 辭讓(사양) 平壤(평양) 土壤(토양) 故人(고인) 事故(사고)

泰然	辭讓	平壤	事故

河海不擇細流, 故能就其深. (李斯)

— 강과 바다는 가는 물줄기를 사양하지 않아 깊음을 이루었다.

擇(가릴/고를 택) 細(가늘 세) 流(흐를 류) 就(이룰/나아갈 취) 其(그 기) 深(깊을 심)

◎ 擇日(택일) 揀擇(간택) 細部(세부) 海流(해류) 就學(취학) 就職(취직) 深淵(심연) 深思熟考(심사숙고)

揀擇	細部	就學	深淵

唯仁者能好人, 能惡人. 《論語》

— 오직 인한 사람만 능히 사람을 좋아하고, 능히 사람을 미워할 수 있다.

唯(오직 유) 仁(어질 인) 者(놈 자) 能(능할 능) 好(좋을 호) 惡(미워할 오, 악할 악)

◎ 唯一無二(유일무이) 唯一神(유일신) 仁者無敵(인자무적) 本能(본능) 有能(유능) 憎惡(증오)

唯一	仁者	本能	憎惡

家若貧, 不可因貧而廢學. (朱子)

— 집이 가난하더라도 가난 때문에 배움을 그만두어서는 안 된다.

若(같을/만약 약) 貧(가난할 빈) 可(옳을/가히 가) 因(인할 인, ~때문에) 廢(폐할/그만둘 폐)

✓ 萬若(만약) 若干(약간) 貧困(빈곤) 貧弱(빈약) 可否(가부) 可變(가변) 因果應報(인과응보) 廢棄(폐기)

萬若	貧困	可變	廢棄

家若富, 不可恃富而怠學. (朱子)

— 집이 부유하더라도 부유함을 믿고 배움을 태만해서는 안 된다.

若(같을/만약 약) 富(넉넉할 부) 恃(믿을 시) 而(말 이을 이) 怠(게으를 태) 學(배울 학)

✓ 富裕(부유) 富村(부촌) 似而非(사이비) 無爲而治(무위이치) 怠慢(태만) 怠業(태업) 學問(학문) 碩學(석학)

富裕	似而非	怠慢	碩學

志不立, 天下無可成之事. (王陽明)

— 뜻이 서지 않으면 천하에 이룰 수 있는 일은 아무것도 없다.

志(뜻 지) 立(설 립) 天(하늘 천) 下(아래 하) 無(없을 무) 可(옳을/가히 가) 成(이룰 성) 事(일 사)

○ 意志(의지) 初志一貫(초지일관) 創立(창립) 確立(확립) 天性(천성) 下層(하층) 無主空山(무주공산)

意志	創立	天性	下層

養心莫善於寡欲. 《孟子》

— 마음을 수양하는 것은 과욕(욕심을 적게 갖음)보다 더 좋은 것이 없다.

養(기를 양) 心(마음 심) 莫(없을 막) 善(착할 선) 於(어조사 어) 寡(적을 과) 欲(하고자 할 욕)

○ 扶養(부양) 教養(교양) 後悔莫甚(후회막심) 莫强(막강) 善處(선처) 次善(차선) 寡頭政治(과두정치) 獨寡占(독과점)

扶養	教養	莫强	次善

巧言令色, 鮮矣仁.《論語》

— 교묘한 말재주와 위선적인 안색을 지닌 사람 중에 어진 사람은 드물다.

巧(공교할/예쁠 교) 言(말씀 언) 令(명령/좋을 령) 色(빛 색) 鮮(고울 선) 矣(어조사 의) 仁(어질 인)

◎ 技巧(기교) 巧妙(교묘) 直言(직언) 假令(가령) 命令(명령) 氣色(기색) 靑色(청색) 鮮明(선명) 新鮮(신선)

巧妙	直言	命令	鮮明

詩三百, 一言以蔽之, 思無邪.《論語》

—《시경》삼 백 편의 내용을 한마디로 개괄하면, 생각함에 사악함이 없다.

之(갈/그 지) 思(생각할 사) 無(없을 무) 邪(간사할 사)

◎ 詩歌(시가) 以前(이전) 以熱治熱(이열치열) 隱蔽(은폐) 建蔽率(건폐율) 易地思之(역지사지) 邪惡(사악)

詩歌	以前	隱蔽	邪惡

學而不思則罔, 思而不學則殆.《論語》

— 배우기만 하고 스스로 사색하지 않으면 미혹되고, 공상만 하고 배우지 않으면 독단에 빠진다.

學(배울 학) 而(말 이을 이) 思(생각 사) 則(곧 즉, 법칙 칙) 罔(없을/그물 망) 殆(위태할/거의 태)

◯ 國學(국학) 美學(미학) 思惟(사유) 法則(법칙) 原則(원칙) 昊天罔極(호천망극) 殆半(태반)

美學	思惟	法則	殆半

朝聞道, 夕死可矣.《論語》

— 아침에 도를 들으면 저녁에 죽어도 괜찮다.

朝(아침 조) 聞(들을 문) 道(길 도) 夕(저녁 석) 死(죽을 사) 可(옳을 가) 矣(어조사 의)

◯ 朝鮮(조선) 所聞(소문) 道具(도구) 上水道(상수도) 夕陽(석양) 秋夕(추석) 死因(사인) 可觀(가관)

朝鮮	道具	夕陽	可觀

君子喻於義, 小人喻於利.《論語》

— 군자는 도의에 밝고, 소인은 이익에 밝다.

君(임금 군) 喻(깨우칠 유) 於(어조사 어, ~에, ~보다) 義(옳을 의) 小(작을 소) 利(이로울 리)

◎ 君臨(군림) 聖人君子(성인군자) 隱喻(은유) 甚至於(심지어) 正義(정의) 小說(소설) 多多益善(다다익선)

君臨	隱喻	正義	小說

見賢思齊焉, 見不賢而內自省也.《論語》

— 현인을 보면 함께 나란히 하려고 노력하고, 현명하지 못한 사람을 보면 나에게도 그런 모습이 있는지 살펴보라.

見(볼 견) 賢(어질 현) 思(생각할 사) 齊(가지런할 제) 焉(어조사 언) 而(말 이을 이) 內(안 내) 自(스스로 자) 省(살필 성) 也(어조사 야)

◎ 見物生心(견물생심) 竹林七賢(죽림칠현) 思春期(사춘기) 百花齊放(백화제방) 案內(안내) 自動車(자동차) 省察(성찰)

思春期	案內	自動車	省察

父母在, 不遠遊, 遊必有方.《論語》

― 부모가 살아 계신 동안에는 멀리 놀러 가지 말아야 하며, 놀러 간다면 반드시 가는 곳을 밝혀두어야 한다.

父(아비 부) 母(어미 모) 在(있을 재) 遠(멀 원) 遊(놀 유) 必(반드시 필) 有(있을 유) 方(모 방)

⊙ 祖父(조부) 母親(모친) 現在(현재) 永遠(영원) 遊興(유흥) 遊園地(유원지) 事必歸正(사필귀정) 有給(유급) 處方(처방)

母親	永遠	遊興	處方

述而不作, 信而好古.《論語》

― 서술하되 새로운 것을 지어내지는 않으며, 옛날의 학술 사상을 믿고 좋아한다.

述(지을 술) 而(말 이을 이) 作(지을 작) 信(믿을 신) 好(좋을 호) 古(옛 고)

⊙ 敍述(서술) 論述(논술) 記述(기술) 作品(작품) 作用(작용) 通信(통신) 威信(위신) 友好(우호) 好轉(호전)

敍述	作品	通信	好轉

君君, 臣臣, 父父, 子子.《論語》

— 임금은 임금답고, 신하는 신하답고, 아버지는 아버지답고, 아들은 아들다워야 한다.

君(임금 군) 臣(신하 신) 父(아비 부) 子(아들 자)

◎ 君主(군주) 君師父一體(군사부일체) 臣下(신하) 忠信(충신) 家父長(가부장) 親父母(친부모) 利子(이자) 亭子(정자)

君主	忠信	親父母	亭子

有恒産者有恒心, 無恒産者無恒心.《孟子》

— 안정된 생업이 있는 사람은 안정된 마음이 있고, 안정된 생업이 없으면 안정된 마음이 없다.

有(있을 유) 恒(항상 항) 産(낳을/만들 산) 者(놈 자) 心(마음 심) 無(없을 무)

◎ 有識(유식) 恒溫(항온) 恒常(항상) 生産(생산) 破産(파산) 著者(저자) 心性(심성) 無識(무식)

有識	恒溫	破産	心性

知之者不如好之者, 好之者不如樂之者.《論語》

— 아는 사람은 좋아하는 사람만 못하고, 좋아하는 사람은 즐기는 사람만 못하다.

知(알 지) 之(어조사 지) 者(놈 자) 不(아니 불) 如(같을 여) 樂(즐길 락)

◎ 認知(인지) 全知(전지) 愛之重之(애지중지) 兩者(양자) 一事不再理(일사부재리) 一日如三秋(일일여삼추) 享樂(향락)

認知	全知	兩者	享樂

知之爲知之, 不知爲不知, 是知也.《論語》

— 아는 것을 안다고 하고 모르는 것을 모른다고 하는 것이 바로 아는 것이다.

知(알 지) 之(어조사 지) 爲(할 위) 不(아니 불) 是(옳을 시) 也(어조사 야)

◎ 探知(탐지) 畵中之餠(화중지병) 爲政者(위정자) 不正腐敗(부정부패) 實事求是(실사구시) 及其也(급기야)

探知	畵中之餠	實事求是

不患人之不己知, 患不知人也.《論語》

— 남이 나를 알아주지 않는 것을 근심하지 말고, 내가 남을 알아주지 못하는 것을 근심하라.

患(근심 환) 人(사람/남 인) 之(갈 지, 여기서는 주어의 뒤에 붙은 접미사) 己(자기 기) 也(어조사 야, 평서문 종결사 '~이다')

◎ 憂患(우환) 乞人(걸인) 人倫(인륜) 犬猿之間(견원지간) 克己(극기) 獨也靑靑(독야청청)

憂患	乞人	人倫	克己

一羽之不擧, 爲不用力焉.《孟子》

— 깃털 하나도 들지 못하는 것은 힘을 쓰지 않았기 때문이다.

羽(깃 우) 擧(들 거) 爲(할 위) 用(쓸 용) 力(힘 력) 焉(어찌 언)

◎ 項羽(항우) 列擧(열거) 擧手(거수) 當爲性(당위성) 適用(적용) 動力(동력) 焉敢生心(언감생심)

項羽	列擧	適用	動力

以五十步笑百步則何如?《孟子》

— 오십 보 후퇴한 사람이 백 보 후퇴한 사람을 비웃으면 어떠합니까?

以(써 이) 步(걸음 보) 笑(웃을 소) 則(곧 즉, 법칙 칙) 何(어찌 하) 如(같을 여)

◎ 以熱治熱(이열치열) 橫斷步道(횡단보도) 拍掌大笑(박장대소) 規則(규칙) 何如間(하여간) 如實(여실)

以熱治熱	橫斷步道	規則

田園將蕪, 胡不歸?〈歸去來辭〉

— 전원이 장차 풀로 무성할 텐데 어찌 (고향으로) 돌아가지 않겠는가?

田(밭 전) 園(동산 원) 將(장차 장) 蕪(거칠/풀 많을 무) 胡(오랑캐/어찌 호) 歸(돌아갈 귀)

◎ 油田(유전) 公園(공원) 動物園(동물원) 將來(장래) 荒蕪地(황무지) 胡族(호족) 歸化(귀화)

油田	將來	胡族	歸化

제3장 단문(短文)

勞心者, 治人, 勞力者, 治於人.《孟子》

— 마음을 수고롭게 하는 사람(지혜로운 마음을 쓰는 사람)은 남을 다스리고, 힘을 수고롭게 하는 사람(완력을 사용하는 사람)은 남에게 다스림을 당한다.

勞(일할/힘쓸 로) 心(마음 심) 者(놈 자) 治(다스릴 치) 力(힘 력) 於(어조사 어, 피동으로 ~에게 당하다)

◉ 勞動(노동) 過勞(과로) 點心(점심) 話者(화자) 治積(치적) 活力(활력) 於此彼(어차피)

勞動	點心	話者	治積

靑取之於藍, 而靑於藍.《荀子》

— 청색은 쪽(남색)에서 취했으나 쪽(남색)보다 푸르다.

靑(푸를 청) 取(취할 취) 藍(쪽 람, 진한 푸른빛) 於(어조사 어, ~에서, ~보다) 而(말 이을 이)

◉ 靑銅(청동) 靑寫眞(청사진) 取消(취소) 取得(취득) 於焉間(어언간) 形而上學(형이상학)

靑銅	取消	形而上學

身生光彩, 鳥獸率舞.《三國遺事》

— 몸에서 광채가 나고 새와 짐승이 따라와 춤을 춘다.

身(몸 신) 生(날 생) 光(빛 광) 彩(무늬 채) 鳥(새 조) 獸(짐승 수) 率(거느릴 솔) 舞(춤출 무)

◉ 代身(대신) 生計(생계) 榮光(영광) 色彩(색채) 鳥類毒感(조류독감) 野獸(야수) 食率(식솔) 歌舞(가무)

榮光	色彩	野獸	歌舞

天地振動, 日月清明.《三國遺事》

— 천지가 진동하고 해와 달이 맑고 밝다.

天(하늘 천) 地(땅 지) 振(떨칠 진) 動(움직일 동) 日(날 일) 月(달 월) 清(맑을 청) 明(밝을 명)

◉ 天動說(천동설) 地殼變動(지각변동) 振興會(진흥회) 變動(변동) 日課(일과) 蜜月(밀월) 清純(청순) 明堂(명당)

天動說	振興會	蜜月	清純

夫餘俗語善射爲朱蒙, 故以名之. 《三國史記》

— 부여 속언(俗言)에 활 잘 쏘는 사람을 주몽(朱蒙)이라 하므로 그렇게 이름을 부르게 되었다.

夫(지아비 부) 餘(남을 여) 俗(풍속 속) 善(착할/잘할 선) 射(쏠 사) 朱(붉은 주) 蒙(입을 몽) 故(예/본래 고) 以(써 이)

◎ 有夫女(유부녀) 餘暇(여가) 美風良俗(미풍양속) 善防(선방) 注射(주사) 朱紅色(주홍색) 蒙古(몽고) 故宮(고궁)

餘暇	善防	蒙古	故宮

君子務本, 本立而道生. 《論語》

— 군자는 근본에 힘쓰는데, 근본이 확립되어야 도가 생긴다.

君(임금 군) 子(아들 자) 務(힘쓸 무) 本(근본 본) 立(설 립) 而(말 이을 이) 道(길 도) 生(날 생)

◎ 義務(의무) 敎務(교무) 基本(기본) 本部(본부) 立地(입지) 立體(입체) 傳道(전도) 誕生(탄생)

義務	基本	立體	誕生

孝弟也者, 其爲仁之本與!《論語》

— 효도하고 공경하는 것은 인을 행하는 근본이로다!

孝(효도 효) 弟(아우 제, 여기에서는 '悌'를 의미) 也(어조사 야) 其(그 기) 爲(할 위) 與(줄 여) '其~與!': 감탄으로 '분명~이로다!'

◎ 孝誠(효성) 兄弟姉妹(형제자매) 各其(각기) 不知其數(부지기수) 爲主(위주) 給與(급여) 與件(여건)

孝誠	各其	給與	與件

제4장

시가(詩歌)

箜篌引

－ 麗玉

公無渡河	그대 강을 건너지 마오
公竟渡河	그대 기어코 강을 건너시네
墮河而死	강에 빠져 돌아가시니
當奈公何	어찌할꼬 그대여

箜篌引(공후인): '公無渡河歌(공무도하가)'라고도 하며 한국에서 가장 오래된 시가로 고조선 시대 뱃사공 곽리자고(藿里子高)의 아내인 여옥(麗玉)이 지은 노래다.

箜篌(공후): 서양의 하프(harp)와 비슷한 악기로 서역(西域)에서 중국을 통해 한반도에 전해졌다. 箜(공후 공) 篌(공후 후).

公(공): 그대, 당신.

無(무): 여기서는 '~하지 말라'.

竟(경): 마침내, 기어코. 竟(다할 경).

墮河(타하): 물에 빠지다. 물에 휩쓸리다. 墮(떨어질 타).

當奈公何(당내공하): 임을 어찌할꼬. 當(당할 당) 奈(어찌 내) 何(어찌 하).

遺于仲文詩
－ 乙支文德

神策究天文	신기한 계책은 천문을 훤히 알고
妙算窮地理	교묘한 계산은 지리를 꿰뚫었네
戰勝功旣高	싸움에 이겨 공이 이미 높았으니
知足願云止	만족하고 이만 그쳐 주게나

遺于仲文詩(유우중문시): 于仲文(우중문)에게 남기는 시. 遺(남길 유) 于(어조사 우) 仲(버금 중).

于仲文(우중문, 545~613): 수나라의 정치가 겸 장군으로 고구려의 수도 평양 직전까지 갔다가 철수하던 중 살수(薩水)에서 을지문덕 장군에게 참패하였다.

乙支文德(을지문덕): 고구려 영양왕 때의 명장. 영양왕 23년(612)에 중국 수나라 양제(煬帝)가 고구려에 대군을 이끌고 쳐들어오자 이를 살수(薩水)에서 물리쳤다. 乙(새 을) 支(가를 지) 德(덕 덕).

神策(신책): 신묘한 책략. 神(귀신 신) 策(채찍 책).

妙算(묘산): 교묘한 계산. 妙(묘할 묘) 算(셀 산).

窮地理(궁지리): 지리를 꿰뚫었다. 지리에 통달하다. 窮(다할 궁).

願云止(원운지): 그치길 원하다. 願(원할 원) 云(이를 운) 止(멈출지).

秋夜雨中

－ 崔致遠

秋風唯苦吟	가을 바람에 괴로이 읊조리나니
世路少知音	세상엔 알아주는 이 없네
窓外三更雨	창밖엔 밤 깊도록 비는 내리고
燈前萬里心	등불 앞에서 만 리 밖 외로운 마음

秋夜雨中(추야우중): 비 내리는 가을밤에 자신을 알아주는 지기(知己)가 없는 외로움을 노래한 작품.

崔致遠(최치원, 857~미상): 9세기 통일신라 말기의 학자. 12세에 당나라로 유학길을 떠났으며 18세에 외국인을 상대로 시행한 빈공과(賓貢科)에 장원으로 합격하여 봉직 생활을 했다. '황소의 난' 때 토황소격문(討黃巢檄文)을 작성하여 큰 공을 세웠다. 고국으로 돌아와 시무책 10여조를 올리는 등 정치적 견해를 제시하나 자신의 뜻이 받아들여지지 않자 가야산에 은거하며 학문에만 전념하였다.

唯苦吟(유고음): 오직 괴로이 읊는다.

知音(지음): 자신을 알아주는 사람.

三更(삼경): 하룻밤을 다섯으로 나눈 셋째 부분(部分)으로 밤 11시부터 새벽 1시까지의 동안.

萬里心(만리심): 멀리서 고향을 그리는 마음 혹은 세상과 단절되어 홀로된 마음.

送人

— 鄭知常

雨歇長堤草色多	비 갠 뒤 긴 언덕에 풀빛 짙어가고
送君南浦動悲歌	임 보내는 남포엔 구슬픈 노래 울리고
大同江水何時盡	대동강 물은 어느 때야 마르리
別淚年年添綠波	이별의 눈물 해마다 푸른 물결에 더해지네

送人(송인): 사람을 떠나 보냄.

鄭知常(정지상, ?~1135): 고려 중기 인종(仁宗) 때의 문신이자 시인. 서경(西京) 출신으로 호는 남호(南湖)이다. 문학뿐 아니라 역학(易學)과 불교 경전에도 뛰어났고, 그림·글씨에 능했으며 노장철학(老莊哲學)에도 조예가 깊었다. 묘청의 난에 주요 관련자라고 여겨 김부식에 의해 처형당했다.

雨歇(우헐): 비 개다. 歇(쉴 헐).

草色多(초색다): 풀빛 짙어가다. 풀색이 선명하다.

南浦(남포): 대동강 하류 북쪽에 있는 포구.

動悲歌(동비가): 슬픈 이별의 노래가 울리다.

別淚(별루): 이별의 눈물.

添綠波(첨록파): 푸른 물결에 더해지다.

春興

－ 鄭夢周

春雨細不滴	봄비 가늘어 소리 나지 않더니
夜中微有聲	밤중에는 희미하게 소리 들리네
雪盡南溪漲	눈 녹아 남쪽 개울이 불어나니
草芽多少生	풀싹은 얼마나 돋았을까?

　春興(춘흥): 봄의 흥취. 興(일 흥).

　鄭夢周(정몽주, 1338~1392): 고려 충신(忠臣)으로 호는 포은(圃隱)으로 문신 · 교육자 · 유학자이다. 이성계의 회유를 거절하고 선죽교에서 살해되었다. 저서로는 《포은집(圃隱集)》이 있다.

　細不滴(세부적): 빗줄기가 가늘어서 소리가 나지 않는다. 細(가늘 세) 滴(물방울 적).

　微有聲(미유성): 미세하게 가늘게 소리 들리네. 微(작을 미).

　雪盡(설진): 눈이 다 녹다. 盡(다할 진).

　南溪漲(남계창): 남쪽 시내에 물이 넘치다. 溪(시내 계) 漲(불을 창).

　草芽(초아): 풀싹. 芽(싹 아).

　多少生(다소생): 얼마나 돋았을까? 얼마나 생겼을까?

山寺夜吟

― 鄭澈

蕭蕭落木聲	우수수 떨어지는 낙엽 소리를
錯認爲疎雨	성근 빗방울 소리로 잘못 알아
呼僧出門看	스님 불러 문밖 나가 보라 했더니
月掛溪南樹	달만 시냇가 남쪽 나뭇가지에 걸렸다네

山寺夜吟(산사야음): 산사에서 밤에 읊음.

鄭澈(정철, 1536~1594): 조선시대 중기의 시인이자 문신, 정치인, 학자, 작가이다. 호는 송강(松江). 작품으로는 〈성산별곡〉·〈관동별곡〉·〈사미인곡〉·〈속미인곡〉 등 4편의 가사와 시조 107수가 전한다.

蕭蕭(소소): 의성어로 나뭇잎이 바람에 스치는 소리로 쓸쓸함을 표현. 蕭(맑은대쑥 소, 쓸쓸할 소, 바람소리 소).

錯認(착인): 잘못 알다. 錯(섞일 착) 認(알 인).

疎雨(소우): 성글게 빗방울이 떨어지다. 疎(트일 소, 멀 소).

掛(괘): 걸려있다. 掛(걸 괘, 매달 괘).

溪南樹(계남수): 개울 남쪽 나무. 溪(시내 계).

短歌行

－ 曹操

對酒當歌	술 마시니 노래해야지
人生幾何	인생 살면 얼마나 살거나!
譬如朝露	아침이슬 같으니
去日苦多	지난날 고통도 많았지
慨當以慷	슬퍼하고 탄식해도
憂思難忘	수심은 잊기 어려우니
何以解憂	무엇으로 근심을 풀까?
唯有杜康	오직 술 뿐이로다

短歌行(단가행): 짧은 노래로 읊음. 위의 시는 전편 가운데 일부이다.

曹操(조조, 155~220): 중국 후한(後漢) 말기의 무장(武將)이자 정치인으로 자(字)는 맹덕(孟德)이다. 후한(後漢)이 망해가던 시기에 중원(中原)을 차지하고 위(魏)나라가 세워질 수 있는 기틀을 닦았다.

幾何(기하): 얼마나 되는가? 幾(몇 기) 何(어찌 하).

譬如(비여): ~와 같다. 譬(비유할 비) 如(같을 여).

慨當以慷(개당이강): 분개하고 슬퍼하다. 慨(분개할 개) 慷(슬퍼할 강).

何以(하이): 어떻게, 무엇으로.

杜康(두강): 중국 전설상에 술을 발명한 인물로 주신(酒神)으로 여겼다. 이 시에서는 '술'을 나타내는 대명사이다.

靜夜思

— 李白

牀前明月光	침대 앞에 밝은 달빛
疑是地上霜	땅 위의 서리인가 하노라
擧頭望明月	고개 들어 밝은 달 바라보고
低頭思故鄕	고개 숙여 고향을 생각하네

靜夜思(정야사): 고요한 밤 생각에 잠겨. 추석을 맞이하여 고향을 그리워하는 나그네의 간절한 마음을 표현한 시.

李白(이백, 701~762): 당나라 시인으로 자는 태백(太白)이며 시선(詩仙)으로 부른다. 시성(詩聖) 두보(杜甫)와 함께 중국 역사상 가장 위대한 시인으로 꼽힌다. 현재 약 1,100여 수의 시가 남아 있으며 도교적이며 술이 많이 등장한다.

疑是(의시): ~라고 의심된다. 疑(의심할 의).

低頭(저두): 고개 숙인다. 低(밑 저).

山中問答

－ 李白

問余何事棲碧山	내게 왜 푸른 산에 사는지 물으면
笑而不答心自閑	웃을 뿐 대답하지 않으나 마음 절로 한가롭네
桃花流水杳然去	복사꽃 물 따라 아득히 흘러가니
別有天地非人間	인간 세상 아닌 다른 세상이로다

山中問答(산중문답): 산속에서 묻고 대답함. 여기서는 자문자답의 형식.
問余(문여): 나에게 묻는다. 余(나 여).
何事(하사): 무슨 일.
棲碧山(서벽산): 푸른 산에 살다. 棲(살 서) 碧(푸를 벽).
笑而不答(소이부답): 웃을 뿐 대답하지 않는다.
心自閑(심자한): 마음 절로 한가롭다. 閑(한가할 한).
杳然(묘연): 아득하다. 杳(어두울 묘) 然(그러할 연).

絶句

－ 杜甫

江碧鳥逾白	강은 푸르러 새는 더욱 희고
山青花欲然	산은 푸르러 꽃은 불타는 듯하다
今春看又過	올봄에 보지만 또 지나갈 건데
何日是歸年	어느 날이 곧 (고향으로) 돌아갈 해일까

絶句(절구): 시 형식의 하나로 기승전결 4구로 구성되었으며 한 구에 다섯 글자로 된 오언절구(五言絶句), 일곱 글자로 된 칠언절구(七言絶句)가 있다. 여기서는 오언절구의 형식을 빌려 '절구(絶句)'라는 제목으로 삼았다.

杜甫(두보, 712~770): 성당시대(盛唐時代) 시인으로 시성(詩聖)이라 부른다. 이백(李白)과 더불어 중국 최고의 시인이다. 현재《두공부집(杜工部集》20권이 전해지는데, 고체(古體) 399수, 근체(近體) 1006수가 수록되어 있다.

江碧(강벽): 강이 푸르다. 碧(푸를 벽).

鳥逾白(조유백): 새는 더욱 희다. 逾(넘을 유, 더욱 유).

花欲然(화욕연): 꽃은 불타려고 한다. 꽃은 불타는 듯하다. '然'은 '燃(불탈 연)'과 같음.

今春看又過(금춘간우과): 올봄에 보지만 또 지나갈 것이다. 又(또 우) 過(지날 과).

春望

－ 杜甫

國破山河在	나라는 망해도 산하는 유구하고
城春草木深	장안에 봄은 왔으나 초목만이 무성하구나
感時花濺淚	시국을 슬퍼하자니 꽃을 봐도 눈물이 나고
恨別鳥驚心	이별을 한탄하자니 새소리에도 놀라는 마음
烽火連三月	전쟁이 석 달째 이어져
家書抵萬金	집에서 오는 서신은 만금에 해당하네
白頭搔更短	흰머리 긁으니 또 짧아져서
渾欲不勝簪	전혀 비녀를 꽂을 수 없구나

春望(춘망): 봄날의 소망.
城(성): 여기서는 장안(長安)을 가리킴.
草木深(초목심): (인적은 없고) 초목만이 무성하다.
感時(감시): 시국을 슬퍼하다.
濺淚(천루): 눈물이 흐른다. 濺(흩뿌릴 천) 淚(눈물 루).
恨別(한별): 이별을 한탄하다. 恨(원망할 한) 別(헤어질 별).
烽火(봉화): 안녹산(安祿山)의 난으로 유발된 전화(戰火), 즉 전쟁.
家書(가서): 집에서 오는 편지.
抵(저): 가치가 있다. 상당하다. 抵(거스를 저).
搔(소): 손가락으로 긁다. 搔(긁을 소).
渾(혼): 전혀. 渾(흐릴 혼).
不勝(불승): 이기지 못하다. 감당하지 못하다. 勝(이길 승).
簪(잠): 비녀. 簪(비녀 잠).

雜詩

— 王維

君自故鄉來	그대 고향에서 왔으니
應知故鄉事	마땅히 고향 소식 알겠지
來日綺窓前	오는 날 비단 창 앞
寒梅着花未	찬 매화는 피었던가?

雜詩(잡시): 작가 왕유(王維)가 고향에 대한 그리움을 표현한 〈잡시(雜詩)〉는 모두 3수인데 이 시는 그 가운데 하나이다.

王維(왕유, 699~759): 당(唐)나라 시인으로 자연을 소재로 한 서정시에 뛰어난 중국의 대표적인 산수시인이다. 수묵(水墨) 산수화에도 일가견이 있어 남종문인화(南宗文人畵)의 창시자로 추앙받는다.

君(군): 그대, 君(임금 군, 그대 군).

自(자): 전치사로 '~로부터'.

綺窓(기창): 비단 창, 아름답게 꾸민 창문. 綺(비단 기) 窓(창 창).

着花未(착화미): '꽃이 피었던가?' '未'는 문장 끝에 쓰여 의문을 나타낸다. 着(붙을 착) 未(아닐 미).

送元二使安西
－ 王維

渭城朝雨浥輕塵	위성에 아침 비 가벼운 흙먼지 적시고
客舍靑靑柳色新	여관 푸르디 푸른 버들 빛 새롭구나
勸君更盡一杯酒	그대에게 권하니 술 한 잔 더 들게나
西出陽關無故人	서쪽으로 양관 나가면 친구 없으니

送元二使安西(송원이사안서): 안서(安西)로 떠나는 원이(元二)를 보내며.

元二(원이): 왕유 친구 원상(元常)으로 둘째 아들이라 '원이(元二)'라고 함.

安西(안서): 당나라 때 안서도호부(安西都護府)로 지금의 신강성(新疆省) 고차(庫車).

渭城(위성): 진(秦)나라 때 함양(咸陽)이었다가 한(漢)나라부터 위성(渭城)이라고 칭함. 현재 서안(西安) 서북쪽의 위수(渭水) 북쪽에 위치.

浥輕塵(읍경진): 가벼운 먼지를 적시다. 浥(젖을 읍) 塵(띠끌 진).

客舍(객사): 여관. 客(손 객) 舍(집 사).

柳色新(류색신): 버드나무 색깔이 새롭다. 중국에서는 자고로 이별하면서 버드나무 가지를 꺾어 주는 풍습이 있어서 버드나무는 곧 이별을 상징한다.

更盡(갱진): 다시 마시다. 更(고칠 갱, 다시 갱) 盡(다될 진, 빌 진).

陽關(양관): 지금의 감숙성(甘肅省) 돈황(敦煌) 서남쪽에 위치하며, 옛날에 서역(西域)으로 가는 관문이었다. 陽(별 양) 關(닫을 관).

故人(고인): 여기서는 '오래된 친구'. 故(옛 고).

春曉

— 孟浩然

春眠不覺曉　　봄 잠에 새벽이 온 줄 몰랐는데
處處聞啼鳥　　곳곳에서 새소리 들리는구나
夜來風雨聲　　간밤에 바람과 빗소리 들렸는데
花落知多少　　꽃은 얼마나 떨어졌을까?

　春曉(춘효): 봄날 새벽. 曉(새벽 효).

　孟浩然(맹호연, 689~740): 당나라 시인으로 산수의 아름다움을 읊어 왕유(王維)와 함께 대표적인 산수(山水) 시인으로 불린다.

　處處(처처): 곳곳, 여기저기.

　聞啼鳥(문제조): 새소리 들리다. 聞(들을 문) 啼(울 제) 鳥(새 조).

　多少(다소): 얼마나.

江雪

－ 柳宗元

千山鳥飛絶	산이란 산에는 새 한 마리 날지 않고
萬徑人踪滅	모든 길마다 사람 자취 끊어졌네
孤舟蓑笠翁	외로운 배 위에 삿갓 쓴 늙은이
獨釣寒江雪	눈 내리는 찬 강에서 홀로 낚시질하네

江雪(강설): 강엔 눈 내리고.

柳宗元(유종원, 773~819): 당나라의 관리이자 문학가이다. 한유(韓愈)와 더불어 고문운동(古文運動)을 제창하여 당송팔대가(唐宋八大家) 가운데 한 명이다.

千山(천산): 모든 산, 산이란 산 모두.

鳥飛絶(조비절): 새 나는 것이 끊겼다. 새가 날지 않는다. 絶(끊을 절)

萬徑(만경): 모든 길. 徑(길 경).

人踪滅(인종멸): 사람 자취가 끊기다. 踪(자취 종).

蓑笠翁(사립옹): 도롱이 삿갓 쓴 늙은이. 蓑(도롱이 사, 풀로 덮어 가릴 사) 笠(삿갓 립) 翁(늙은이 옹).

獨釣寒江雪(독조한강설): 홀로 눈 내리는 차가운 강에서 낚시질한다. 獨(홀로 독) 釣(낚시할 조) 寒(찰 한).

楓橋夜泊
－ 張繼

月落烏啼霜滿天	달 지고 까마귀 울고 찬 서리 하늘 가득하고
姑蘇城外寒山寺	소주(蘇州) 밖 한산사
江楓漁火對愁眠	강가의 단풍과 고깃배 등불 마주하고 시름 속 잠 못 드는데
夜半鐘聲到客船	깊은 밤에 종소리 나그네 배로 들려오네

楓橋夜泊(풍교야박): 풍교(楓橋) 밑에 배를 대고 밤을 지냄.

張繼(장계, 715~779): 성당(盛唐) 시인, 《장사부시집(張祠部詩集)》이 전해지고 있다.

姑蘇城(고소성): 강소성(江蘇省) 소주(蘇州), 일찍이 오(吳)나라 수도였고 운하가 발달된 도시, 동양의 베니스라고도 칭함. 姑(시어머니 고) 蘇(소생할 소).

寒山寺(한산사): 소주(蘇州) 외곽에 있는 절.

對愁眠(대수면): 시름에 잠 못 이루는 나그네를 대한다. 對(대할 대) 愁(시름 수) 眠(잠잘 면).

夜半(야반): 한밤중.

黃鶴樓

－ 崔顥

昔人已乘黃鶴去	옛사람 이미 황학을 타고 떠나고
此地空餘黃鶴樓	이곳엔 덩그러니 황학루만 남았네
黃鶴一去不復返	황학은 한번 떠나 돌아오지 않고
白雲千載空悠悠	흰 구름만 천년을 유유히 떠도네
晴川歷歷漢陽樹	맑은 강물엔 뚜렷이 한양의 나무들 비추고
芳草萋萋鸚鵡洲	향기로운 풀은 무성하게 앵무주에 자라네
日暮鄉關何處是	날은 저무는데 내 고향 어디쯤인가
煙波江上使人愁	안개 낀 강물결에 수심 젖네

黃鶴樓(황학루): 중국 후베이성(湖北省) 무한(武漢)의 양자강 남쪽 언덕에 위치한 누각.

崔顥(최호, 704~754): 성당(盛唐) 때의 시인.

千載(천재): 천년. 載(실을 재).

悠悠(유유): 매우 한가로운 모습. 悠(멀 유).

歷歷(역력): 뚜렷하다, 분명하다. 歷(지낼 력).

漢陽(한양): '漢水(한수)의 북쪽'으로 '漢'은 양자강으로 이어지는 강줄기의 하나. 서울을 한양(漢陽)으로 부른 이유도 한강의 북쪽에 위치하였기 때문이다.

萋萋(처처): 풀이 무성한 모습. 萋(풀 무성할 처).

鸚鵡洲(앵무주): 양자강 가운데 있는 삼각주의 이름.

鄉關(향관): 고향의 관문, 즉 고향.

煙波(연파): 아지랑이나 안개가 낀 수면(水面).

제5장

산문(散文)

1.《論語》

(1) 子曰, 學而時習之, 不亦說乎? 有朋自遠方來, 不亦樂乎? 人不知而不慍, 不亦君子乎?

論語(논어): 유교(儒敎) 경전(經典) 가운데 가장 대표적 책으로 공자(孔子) 사후 제자들이 그의 언행(言行)을 기록한 서적이다. 공자가 제자의 질문에 대답하고 토론한 것이 '논(論)'이고, 제자들에게 가르쳐주는 말을 '어(語)'라는 의미에서 그 이름이 붙여졌다. 영어로 논어는 'The Analects of Confucius'라고 하는데, 'Confucius'는 공자(孔子)의 별칭인 '孔夫子(공선생님)'를 음역한 것이다.

孔子(공자, B.C. 551~B.C. 479): 중국(中國) 춘추시대(春秋時代)의 사상가(思想家). 유교(儒敎)의 창시자로 맹자(孟子)와 순자(荀子)가 공자의 사상을 계승한다. 노(魯)나라의 곡부(曲阜)에서 태어났고 이름은 구(丘), 자는 중니(仲尼)이다. 여러 나라를 30년 동안 주유(周遊)하며 나라를 어떻게 잘 다스릴까에 대해 유세(遊說)하였다. 예(禮)·악(樂)·시(詩)·서(書)·역(易)·춘추(春秋) 등 육경(六經)을 편찬하였다. 그의 주요 사상은 인(仁)이다.

子(자): 선생님. 공자(孔子)·맹자(孟子)·노자(老子)·장자(莊子)처럼 학덕이 높은 사람의 성 뒤에 붙기도 한다. 《논어(論語)》에서 '子曰(자왈)'의 '子'는 모두 공자(孔子)를 가리킨다.

學而時習之(학이시습지): 배우고 때로 그것을 익힌다. '學'은 새로운 것을 배우는 것이고, '習'은 배운 것을 몸에 체득하는 것이다. '而'는 접속사로 앞뒤를 순차적으로 이어준다. '時'는 적시, 제때, 때때로. '之'는 앞의 '學'을 가리키는 대명사이다.

不亦說乎(불역열호): 또한 기쁘지 아니 한가? 여기서 '說(기쁠 열)'은 '悅(기쁠 열)'과 같은 의미로 두 한자는 모두 같은 성부(聲符) '兌'로 같은 의미로 사용되었다. '乎'는 의문어기조사.

有朋自遠方來(유붕자원방래): 친구가 멀리에서 찾아온다. '有'는 불특정의 사람이나 사물을 표시하는 관형어가 되어 뒤에 오는 명사를 수식하기도 한다. 이 경우 '어느,

제5장 산문(散文)

어떤'으로 풀이할 수 있어 '有朋'은 '어느 친구' 혹은 그냥 '친구'로 번역할 수 있다. '自'는 시발점을 표시하는 전치사(~에서). '方'은 '장소, 곳'.

人不知而不慍(인부지이불온): 남들이 알아주지 않아도 성내지 않다. '人'은 여기서 '남'을 가리킴. 慍(성낼 온).

[해석]
　　공자께서 말씀하시길, "배우고 때로 그것을 익히면 역시 기쁘지 아니한가? 친구가 먼 곳에서 찾아오면 역시 즐겁지 아니한가? 남들이 알아주지 않지만 성내지 않으면 역시 군자답지 않은가?"

(2) 曾子曰, 吾日三省吾身, 爲人謀而不忠乎? 與朋友交而不信乎? 傳不習乎?

曾子(증자, B.C. 506~B.C. 436): 노(魯)나라 사람으로 공자의 제자. 성이 증(曾), 이름이 삼(參), 자(字)가 자여(子輿)이며 공자보다 46세 아래였다. 《논어(論語)》에서 증자(曾子)라고 경칭(敬稱)되었다. 공자의 도(道)를 계승하였으며, 그의 가르침은 공자의 손자 자사(子思)를 거쳐 맹자(孟子)에게 전해졌다.

吾日三省吾身(오일삼성오신): 나는 하루에 나에 대해 세 번 반성한다. '三省(삼성)'은 '세 가지 일을 반성하다' 혹은 '세 번 반성한다'. 吾(나 오).

爲人謀而不忠乎(위인모이불충호): 남을 위해 일을 도모할 때 진심으로 하지 않았는가? '爲'는 여기서 전치사로 '~를 위해서'로 해석된다. 謀(꾀할 모).

與朋友交而不信乎(여붕우교이불신호): 친구와 사귀는데 신의를 지키지 않았는가? '與'는 여기서 접속사로 '~와'의 의미를 지닌다. 與(줄 여).

傳不習乎(전불습호): (스승에게 학문을) 전해 받은 것을 연습하지 않았는가? 傳(전할 전).

[해석]
    증자께서 말씀하시길 "나는 하루에 나에 대해 세 번 반성한다. 남을 위해 일을 도모할 때 진심으로 하지 않았는가? 친구와 사귀는데 신의를 지키지 않았는가? (스승에게 학문을) 전해 받은 것을 연습하지 않았는가?"

(3) 吾嘗終日不食, 終夜不寢, 以思, 無益, 不如學也.

吾嘗終日不食(오상종일불식): 내가 일찍이 종일토록 먹지 않았다. 嘗(맛볼/일찍이 상) 終(끝날 종).

終夜不寢(종야불침): 밤새도록 자지 않다. 寢(잠잘 침).

不如學也(불여학야): 배우는 것만 못하다(배우는 것이 낫다) 'A不如B: A보다 B가 낫다.'

[해석]
    내가 일찍이 종일 먹지도 않고 밤새도록 자지도 않으면서 생각해보았지만 무익했다. 차라리 배우는 것만 못하다.

(4) 子曰, 吾十有五而志於學, 三十而立, 四十而不惑, 五十而知天命, 六十而耳順, 七十而從心所欲不踰矩.

吾十有五而志於學(오십유오이지어학): 나는 15살이 되어서 학문에 뜻을 두었다. '有'는 여기서 접속사로 '그리고, 또'의 의미이며 又(우)와 같다. '十有五'는 '열하고 다섯 살' 즉 15세. '於'는 전치사로 '~에'. '而(말 이을 이)'는 순접관계를 표시하는 접속사로 '~하고 나서'라는 어감을 지닌다. 志(뜻 지).

立(립): 스스로 자립하다. 立(설 립).

耳順(이순): '귀에 순하게 들리다'의 의미로 '남의 말을 들으면 그 미묘한 점까지 모

제5장 산문(散文)

두 알게 된다'거나 '남의 말을 듣기만 하면 곧 그 이치를 깨달아 이해한다' 등으로 해석이 가능하다.

從心所欲不踰矩(종심소욕불유구): 마음대로 하고 싶은 것을 해도 법도에 벗어나지 않는다. '所(바 소)'는 '~하는 바, ~하는 것'의 의미로 주어와 술어 사이에 쓰여 주술구조를 명사구로 만들어주는 대명사이다. 踰(넘을/벗어날 유) 矩(곱자/법도 구).

[해석]
　공자께서 말씀하시길, "나는 15살이 되어서 학문에 뜻을 두었고, 30살이 되어서 스스로 자립하였으며, 40살이 되어서 어떠한 일에도 미혹되지 아니하였고, 50살이 되어서 하늘의 명을 알았으며, 60살이 되어서 남의 말을 들으면 그 이치를 이해하게 되었고, 70살이 되어서 마음대로 하고 싶은 것을 해도 법도에 어긋나지 않았다."

(5)　顔淵問仁, 子曰, 克己復禮爲仁. 一日克己復禮, 天下歸仁焉. 爲仁由己, 而由人乎哉? 顔淵曰, 請問其目. 子曰, 非禮勿視, 非禮勿聽, 非禮勿言, 非禮勿動. 顔淵曰, 回雖不敏, 請事斯語矣.

顔淵(안연, B.C. 521~B.C. 490): 공자의 수제자로 청빈한 삶을 살다 31살에 일찍 죽었다. 안회(顔回)라고도 한다.

克己復禮爲仁(극기복례위인): 자기를 극복하고 예로 돌아가는 것이 인이다. '爲'는 여기서 '~이다'. 爲(될 위, 할 위).

天下歸仁焉(천하귀인언): 천하가 인을 이 사람에게 귀속시킬 것이다. 온 천하가 이 사람을 어질다고 할 것이다. '歸'는 '돌리다', '귀속시키다'. 歸(돌아갈 귀). '焉(어찌/이에 언)'은 '於之', '於是(어시)'와 같으며 '之'가 가리키는 것은 '一日克己復禮(하루만이라도 자신을 극복하고 예로 돌아간 사람)'을 가리킨다.

爲仁由己(위인유기): 인을 실행하는 것이 자신에게 달려 있다. 여기서 '爲'는 '행하다' '실천하다'. '由'는 '~에서 비롯되다', '~에 달려 있다'. 由(말미암을 유).

而由人乎哉?(이유인호재): 남에게 달려 있겠는가? '人'은 '다른 사람', '남'. '~乎哉'는 '~인가?'.

請問其目(청문기목): 청컨대 그 세목(세부 사항)을 묻겠습니다.

非禮勿動(비례물동): 예가 아니면 하지 마라. '勿'은 금지를 표시하는 부사. 勿(말 물).

回雖不敏(회수불민): 안회가 비록 영민하지 못하지만. 敏(민첩할 민).

請事斯語矣(청사사어의): 이 말씀을 잘 받들겠습니다. 모쪼록 이 말씀에 힘쓰겠습니다. '斯'는 사물을 가리키는 대명사. 事(일/전념할/섬길 사) 斯(이 사). '矣'는 문장 끝에서 단정이나 한정을 나타내는 어조사.

[해석]

　안연(顏淵)이 인(仁)에 대해 묻자, 공자께서 말씀하시길, "자기를 극복하고 예로 돌아가는 것이 인이다. 하루라도 자기를 극복하고 예로 돌아가면 천하가 이 사람을 어질다고 할 것이다. 인을 실행하는 것이 자신에게 달려 있지 남에게 달려 있겠는가?" 안연이 그 세부 사항을 청하여 물었다. 공자께서 말씀하시길, "예가 아니면 보지 말고, 예가 아니면 듣지 말고, 예가 아니면 말하지 말고, 예가 아니면 행동하지 마라." 안연이 말하길 "제가 비록 영민하지 못하지만 이 말씀을 잘 받들도록 하겠습니다."

(6) 子曰, 參乎! 吾道一以貫之. 曾子曰, 唯. 子出, 門人問曰, 何謂也? 曾子曰, 夫子之道, 忠恕而已矣.

參乎(삼호): 증삼아! '參'은 曾參(증삼) 즉, 曾子(증자)를 가리킴.
吾道一以貫之(오도일이관지): 나의 도는 하나로 관통된다.
唯(유): 그렇습니다. 唯(오직 유). 여기서는 '예', '그렇습니다'.

忠恕而已矣(충서이이의): 충(忠)과 서(恕)일 뿐이다. '忠恕'는 '진심과 용서' 혹은 '진실한 용서'. '而已矣'는 '~일 뿐이다' '~일 따름이다'.

[해석]
　공자께서 말씀하시길, "증삼아! 나의 도는 하나로 관통된다." 증자가 말하길, "그렇습니다." 공자께서 밖으로 나가자 문인(門人)들이 물어보길 "무슨 말씀인가요?" 증자가 말하길 "선생님의 도는 충(忠, 진심)과 서(恕, 용서)일 뿐입니다."

(7) 無爲而治者, 其舜也與. 夫何爲哉? 恭己正南面而已矣.

無爲而治者(무위이치자): 하는 것 없이 다스리는 자.
其舜也與(기순야여): 그는 바로 순임금이로다. '其~與'는 감탄문으로 '~로다', '~로구나'.
夫何爲哉(부하위재): 무엇을 하였는가? '何~哉'는 '무엇을~하는가?', '어찌~인가?'
恭己正南面而已矣(공기정남면이이의): 자신을 공손히 하고 똑바로 임금 자리에 앉아 있었을 뿐이다. '南面(남면)'은 임금이 북쪽에서 남쪽을 향해 앉아 신하들의 알현을 받으므로 임금이 자리에 앉아 있는 것을 보통 南面(남면)이라고 한다. '而已矣(이이의)'는 '~일 뿐이다'.

[해석]
　하는 것 없이 다스린 사람은 바로 순임금이로구나. 무릇 무엇을 하였던가? 자신을 공손히 하고 똑바로 임금 자리에 앉아 있었을 뿐이다.

(8) 知者樂水, 仁者樂山; 知者動, 仁者靜; 知者樂, 仁者壽.

知者樂水(지자요수): 지혜로운 자는 물을 좋아한다. 여기서 '知'는 '智'에 해당. 樂(좋아할 요).

仁者樂山(인자요산): 어진 자는 산을 좋아한다.

知者動(지자동): 지혜로운 자는 활동적이다. 여기서 '動'은 형용사로 '활동적이다'.

仁者靜(인자정): 어진 자는 정적이다.

知者樂(지자락): 지혜로운 자는 즐겁게 산다. 樂(즐거울 락).

仁者壽(인자수): 어진 자는 오래 산다. 壽(목숨/오래 살 수).

[해석]
　지혜로운 자는 물을 좋아하고 어진 자는 산을 좋아한다. 지혜로운 자는 활동적이지만 어진 자는 정적이다. 지혜로운 자는 즐겁게 살고 어진 자는 오래 산다.

2.《孟子》

(1)　孟子見梁惠王, 王曰, 叟不遠千里而來, 亦將有以利吾國乎. 孟子對曰, 王何必曰利, 亦有仁義而已矣.

《孟子(맹자)》: 맹자(孟子)가 쓴 책으로 《論語(논어)》는 구어체로 사상을 담박하게 단언적으로 말했다면, 《孟子》는 매우 논리적이고 호방(豪放)하며 웅변적으로 서술하였다.

孟子(맹자, B.C. 372~B.C. 289): 공자(孔子)의 손자(孫子)인 자사(子思)에게 유교사상을 전수받았다. 공자의 인(仁) 사상을 발전시켜 '성선설'(性善說)을 주장하였으며 제(齊), 양(梁), 송(宋)의 제후(諸侯)를 찾아가 왕도(王道) 사상을 설파하였다.

梁惠王(양혜왕, B.C. 400~B.C. 334): 중국 전국시대 위(魏)나라의 제3대 군주(재위: B.C. 370~B.C. 334)이다. 혜성왕(惠成王)으로도 불린다.

叟不遠千里而來(수불원천리이래): 어르신께서 천 리를 마다하지 않고 오셨다. '叟'는 여기서 맹자(孟子)를 가리킴. 叟(늙은이 수).

亦將有以利吾國乎(역장유이리오국호): 역시 앞으로 우리나라를 이롭게 할 것이 있겠습니다. 亦(또 역) 將(장차 장).

亦有仁義而已矣(역유인의이이의): 역시 인의(仁義)만이 있을 뿐입니다. '而已矣(이이의)'는 '~일 뿐이다'.

[해석]
　　맹자께서 양혜왕을 만나자 왕이 말하길, "어르신께서 천 리를 마다하지 않고 오셨으니 역시 장차 우리나라를 이롭게 할 것이 있겠습니다." 맹자가 대답하여 말하길 "왕은 하필이면 이(利)를 말합니까, 역시 인의(仁義)만이 있을 뿐입니다."

(2) 無恒產而有恒心者, 唯士爲能. 若民則無恒產, 因無恒心.

唯士爲能(유사위능): 오직 선비만이 가능하다. 唯(오직 유) 士(선비 사).

若民則無恒產(약민즉무항산): 만약 백성이 안정된 생업이 없으면. 若(같을/만약 약) 則(법 칙/곧 즉) 恒(항상 항).

因無恒心(인무항심): 안정된 마음을 가질 수 없기 때문이다. 因(인할 인).

[해석]
　　안정된 생업이 없어도 항상 바른 마음을 지닐 수 있는 사람은 오직 선비만이 가능하다. 만약 일반 백성은 안정된 생업이 없으면 안정된 마음을 가질 수 없기 때문이다.

(3)　孟子曰, 君子有三樂而王天下不與存焉. 父母俱存, 兄弟無故, 一樂也. 仰不愧於天, 俯不怍於人, 二樂也. 得天下英才而敎育之, 三樂也. 君子有三樂而王天下不與存焉.

王天下不與存焉(왕천하불여존언): 천하에서 왕노릇 하는 것은 여기에 끼어 있지 않다. 천하에서 왕노릇 하는 것은 여기에 포함되지 않는다. 與(줄/더불 여). '焉(어조사 언)'은 '於是' '於之' 준말로 '이것에' '여기에'.

仰不愧於天(앙불괴어천): 우러러보아서 하늘에 부끄럽지 않다. 仰(우러를 앙) 愧(부끄러워할 괴).

俯不怍於人(부불작어인): 굽어보아서 사람들에게 부끄럽지 않다. 俯(구부릴 부) 怍(부끄러워 할 작).

[해석]
　맹자가 말하길, "군자는 세 가지 즐거움이 있는데 천하에서 왕노릇 하는 것은 여기에 포함되지 않는다. 부모가 모두 계시고 형제가 무고한 것이 첫 번째 즐거움이다. 우러러보아서 하늘에 부끄럽지 않고 굽어보아서 사람들에게 부끄럽지 않은 것이 두 번째 즐거움이다. 천하의 영재를 얻어 교육시키는 것이 세 번째 즐거움이다. 군자에게 세 가지 즐거움이 있는데 천하에서 왕노릇 하는 것은 여기에 포함되지 않는다."

(4)　孟子曰, 人皆有不忍人之心. 先王有不忍人之心, 斯有不忍人之政矣. 以不忍人之心, 行不忍人之政, 治天下可運之掌上. 所以謂人皆有不忍人之心者, 今人乍見孺子將入於井, 皆有怵惕惻隱之心. 非所以內交於孺子之父母也, 非所以要譽於鄕黨朋友也, 非惡其聲而然也. 由是觀之, 無惻隱之心, 非人也, 無羞惡之心, 非人也, 無辭讓之心, 非人也, 無是非之心, 非人也. 惻隱之心, 仁之端也, 羞惡之心, 義之端也, 辭讓之心, 禮之端也, 是非之心, 智之端也. 人之有是四端也, 猶其有四體也.

不忍人之心(불인인지심) : 남에게 차마 하지 못하는 마음, 남을 불쌍히 여기는 마음. 忍(참을 인).

先王(선왕): 선대(先代)의 훌륭한 왕.

斯有不忍人之政矣(사유불인인지정의): 이것이 남을 불쌍히 여기는 정치를 있게 했다. 斯(이 사).

治天下可運之掌上(치천하가운지장상): 천하를 다스리는 것이 손바닥 위에서 주무르듯이 쉬운 일이다. 掌(손바닥 장).

今人乍見孺子將入於井(금인사견유자장입어정): 지금 어떤 사람이 젖먹이가 우물에 곧 들어가는 것을 갑자기 본다. 乍(잠깐/갑자기 사) 孺(젖먹이 유) 將(장차 장) 井(우물 정).

皆有怵惕惻隱之心(개유출척측은지심): 다 깜짝 놀라 두려워하고 측은하게 여기는 마음을 가진다. 怵(두려워할 출) 惕(두려워할 척). '怵惕(출척)'은 '깜짝 놀라 두려워하다'.

非所以內交於孺子之父母也(비소이납교어유자지부모야): 젖먹이의 부모와 친하게 지내려고 그런 것이 아니다. '內交(납교)'는 '서로 가까이 친하게 지내다'. '內'은 '納(받아들일 납)'의 의미.

非所以要譽於鄕黨朋友也(비소이요예어향당붕우야): 동네 사람과 친구에게 칭찬을 받으려는 것이 아니다. 要(요구할/원할 요) 譽(칭찬 예). '鄕黨(향당)'은 '마을' 혹은 '마을 사람'.

非惡其聲而然也(비오가성이연야): 나쁜 소문이 싫어서 그러한 것이 아니다. 惡(싫어할 오). '其聲(기성)'은 '나쁜 소문'.

由是觀之(유시관지): 이로 보아. 由(말미암을 유).

猶其有四體也(유기유사체야): 마치 사람이 팔과 다리가 있는 것과 같다. '猶(오히려 유)'는 '마치 ~와 같다'. 端(바를/시작/단서 단).

[해석]

　　맹자께서 말씀하시길 "사람은 다 '남에게 차마 하지 못하는 마음(不忍人之心)'을 가지고 있다. 선왕(先王)은 '불인지심(不忍人之心)'을 가지고 있어서, 이것이 남을 불쌍히 여기는 정치를 있게 했다. 남을 불쌍히 여기는 마음으로써 '불인인지정(不忍人之政)'을 행하면 천하를 다스리는 것이 손바닥 위에서 주무르듯이 쉬운 일이다. 사람이 모두 남에게 차마 하지 못하는 마음이 있다고 말하는 까닭은, 지금 어떤 사람이 젖먹이가 우물에 곧 빠지려 하는 것을 갑자기 본다면, 누구나 다 깜짝 놀라 두려워하며 측은(惻隱)하게 여기는 마음이 들 것이다. 이는 그 젖먹이의 부모와 친하게 사귀려고 그런 것이 아니고, 동네 사람과 벗에게 칭찬을 받으려는 것도 아니며, (그 아이를 구하지 않았다는) 나쁜 소문이 싫어서 그렇게 한 것도 아니다. 이로 보아 측은한 마음이 없으면 사람이 아니며, 부끄러워하고 미워하는 마음이 없으면 사람이 아니며, 사양하는 마음이 없으면 사람이 아니며, 옳고 그름을 구별하는 마음이 없으면 사람이 아니다. 측은한 마음은 인(仁)의 단서이며, 부끄러워하고 미워하는 마음은 의(義)의 단서이며, 사양하는 마음은 예(禮)의 단서이며, 옳고 그름을 구별하는 마음은 지혜의 단서이다. 사람은 이 네 가지 단서가 있으니 마치 팔과 다리가 있는 것과 같다.

3. 《大學》

(1) 大學之道, 在明明德, 在親民, 在止於至善.

在明明德(재명명덕): 밝은 덕을 밝히는 데 있다. 앞의 '明'은 동사, 뒤의 '明'은 형용사이다.

在親民(재친민): 백성을 새롭게 하는 데 있다. 親(친할 친) 여기서는 '新', 즉 백성들을 새롭게 한다.

在止於至善(재지어지선): 지극한 선에 머물게 하는 데 있다. 止(그칠 지) 於(어조사 어) 至(지극할/이를 지) 善(착할 선).

[해석]
　대학의 도는 밝은 덕을 밝히는 데 있고, 백성을 새롭게 하고, 지극한 선에 머물게 하는 데 있다.

(2)　古之欲明明德於天下者, 先治其國; 欲治其國者, 先齊其家; 欲齊其家者, 先修其身; 欲修其身者, 先正其心; 欲正其心者, 先誠其意; 欲誠其意者, 先致其知, 致知在格物.

　物格而後知至, 知至而後意誠, 意誠而後心正, 心正而後身修, 身修而後家齊, 家齊而後國治, 國治而後天下平. 自天子以至於庶人, 壹是皆以修身爲本. 其本亂而末治者否矣. 其所厚者薄, 而其所薄者厚, 未之有也.

古之欲明明德於天下者(고지욕명명덕어천하자): 옛날에 천하에 밝은 덕을 밝히고자(더욱 확대·발전시키고자) 하는 사람. 앞의 '明'은 동사, 뒤의 '明'은 형용사.

先致其知(선치기지): 먼저 지식을 얻어야 한다. 致(이를 치).

致知在格物(치지재격물): 지식을 얻는다는 것은 모든 사물을 깊이 연구하는 데 있다. 格(바로잡을 격).

物格而後知至(물격이후지지): 모든 사물이 연구되어야 지식이 얻어진다.

自天子以至於庶人(자천자이지어서인): 천자(왕)에서 서민에 이르기까지, '自A以至於B'는 'A에서 B에 이르기까지'.

壹是皆以修身爲本(일시개이수신위본): 하나같이 다 수신을 근본으로 삼는다. 壹(한/오로지 일), '壹是(일시)'는 '하나같이', '以A爲B'는 'A를 B로 삼는다', 'A를 B로 생각한다'.

其本亂而末治者否矣(기본란이말치자부의): 그 근본이 어지러운데도 말단이 다스려지는 것은 아니다. 亂(어지러울 란) 否(아닐 부).

其所厚者薄(기소후자박): 후(厚)하게 할 것이 박(薄)하게 취급되다.

而其所薄者厚(이기소박자후): 그리고 박하게 할 것이 후하게 취급되다.

未之有也(미지유야): 있지 않다. 未(아닐 미).

[해석]

　옛날에 천하에 밝은 덕을 밝히고자 하는 사람은 먼저 자기 나라를 잘 다스려야 했다. 자기 나라를 잘 다스리고자 하는 사람은 먼저 자기 집안을 가지런히 했다. 자기 집안을 가지런히 하고자 하는 사람은 먼저 자기 몸을 닦았다. 자기 몸을 닦고자 하는 사람은 먼저 자기 마음을 바르게 하였다. 자기 마음을 바르게 하고자 하는 사람은 먼저 그 뜻을 성실하게 했다. 그 뜻을 진실하게 하고자 하는 사람은 먼저 그 지식을 획득하였으니 지식을 얻으려면 사물을 깊이 연구해야 한다.

　모든 사물이 깊이 연구되어야 지식이 얻어지고, 지식이 얻어진 이후에야 뜻이 성실해지고, 뜻이 성실해진 이후에야 마음이 바르게 되고, 마음이 바르게 된 이후에야 몸이 수양이 되며, 몸이 수양이 된 이후에야 집안이 가지런해지고, 집안이 가지런해진 이후에야 나라가 다스려지며, 나라가 다스려진 이후에야 천하가 태평해진다. 천자(왕)에서 서민에 이르기까지 하나같이 다 수신을 근본으로 삼는다. 그 근본이 혼란스러운데도 말단이 다스려지는 것은 아니다. 후(厚)하게 할 것이 박(薄)하게 취급되고 박하게 할 것이 후하게 취급되는 것은 있지 않다.

(3) 心不在焉, 視而不見, 聽而不聞, 食而不知其味.

心不在焉(심부재언): 마음이 그곳에 없다. '焉(언)'은 '於是' '於之'의 축약.

[해석]
　　마음이 없으면 보아도 보이지 않고, 들어도 들리지 않으며, 먹어도 그 맛을 모른다.

4.《中庸》

(1)　不偏之爲中, 不易之爲庸, 中者, 天下之正道, 庸者, 天下之定理.

不偏之爲中(불편지위중): 치우치지 않는 것을 '中(중)'이라고 한다. 偏(치우칠 편).
不易之爲庸(불역지위용): 바뀌지 않는 것을 '庸(용)'이라고 한다. 易(바뀔 역).
定理(정리): 고정된 원리. 정해진 이치.

[해석]
　　치우치지 않는 것을 '中(중)'이라고 하고, 바뀌지 않는 것을 '庸(용)'이라고 한다. '中(중)'은 천하의 바른길이요, '庸(용)'은 천하의 고정된 원리이다.

(2)　天命之謂性, 率性之謂道, 修道之謂敎. 道也者, 不可須臾離也. 可離, 非道也. 是故, 君子戒愼乎其所不睹, 恐懼乎其所不聞. 莫見乎隱, 莫顯乎微. 故君子愼其獨也.

> 喜怒哀樂之未發, 謂之中, 發而皆中節, 謂之和. 中也者, 天下之大本也. 和也者, 天下之達道也. 致中和, 天地位焉, 萬物育焉.

率性之謂道(솔성지위도): 성(性)을 따르는 것을 도(道)라고 한다. 率(따를 솔).

不可須臾離也(불가수유리야): 마땅히 잠시라도 떠날 수 없다. 須(모름지기/마땅할 수) 臾(잠깐 유).

君子戒愼乎其所不睹(군자계신호기소부도): 군자는 보이지 않는 곳에서도 경계하고 삼간다. 戒(경계할 계) 愼(삼갈 신) 睹(볼 도). 여기서 '乎'는 전치사로 '~에서'.

恐懼乎其所不聞(공구호기소불문): 들리지 않는 곳에서도 두려워하다. 恐(두려워할 공) 懼(두려워할 구). 여기서 '乎'는 전치사 '~에서'.

莫見乎隱(막견호은): 숨겨진 것보다 더 잘 드러나는 것은 없다. 隱(숨길 은). 여기서 '乎'는 전치사로 사용되어 '~보다'.

莫顯乎微(막현호미): 미세한 것보다 더 잘 드러나는 것은 없다. 顯(나타날/드러날 현) 微(작을 미).

故君子愼其獨也(고군자신기독야): 그러므로 군자는 홀로 있을 때 조심한다.

發而皆中節(발이개중절): 발생하지만 모두 절도에 맞는다. '中節(중절)'은 '절도에 맞다'.

天下之達道也(천하지달도야): 천하가 도달해야 할 길이다. '達道(달도)'는 '통달한 도' 혹은 '도달해야 할 길'.

天地位焉(천지위언): 천지가 그곳에 자리를 잡는다. '焉'는 '於之' '於是'의 준말로 '그곳에서'.

[해석]

　천명(天命)을 성(性)이라고 하고, 성(性)을 따르는 것을 도(道)라고 하며, 도를 닦는 것을 가르침이라고 한다. 도는 마땅히 잠시라도 떠날 수 없으니 떠날 수 있다면 도가 아니다. 그러므로 군자는 보이지 않는 곳에서도 경계하고 삼가며, 들리지 않는 곳에서도 두려워한다. 숨겨진 것보다 더 잘 드러나는 것은 없고, 미세한 것보다 더 잘 드러나는 것이 없다. 그러므로 군자는 홀로 있을 때 조심한다.

　기쁨·성냄·슬픔·즐거움이 아직 일어나지 않은 것을 중(中, 알맞음)이라 하고, 일어나서 모두 절도에 맞는 것을 화(和, 어울림)이라고 한다. 중(中)은 천하의 큰 근본이요, 화(和)는 천하가 가야 할 길이다. 중(中)과 화(和)가 이루어지면 하늘과 땅이 자리를 잡게 되고 만물이 자라게 된다.

(3) 大德必得其位, 必得其祿, 必得其名, 必得其壽.

大德必得其位(대덕필득기위): 큰 덕은 반드시 그에 걸맞은 지위를 얻는다. 位(자리 위).
必得其祿(필득기록): 반드시 그에 걸맞은 봉록(보상)을 얻는다. 祿(복 록).
必得其名(필득기명): 반드시 그에 걸맞은 명예를 얻는다.
必得其壽(필득기수): 반드시 그에 걸맞은 수명을 얻는다. 壽(목숨 수).

[해석]

　큰 덕은 반드시 그에 걸맞은 지위를 얻으며, 반드시 그에 걸맞은 봉록(보상)을 얻으며, 반드시 그에 걸맞은 명예를 얻으며, 반드시 그에 걸맞은 수명을 얻는다.

5. 《道德經》

(1) 道可道非常道, 名可名非常名.

道可道(도가도): 도는 말할 수 있다. 여기서 앞의 '道'는 명사로 진리 혹은 원리를 말하고, 뒤의 '道'는 동사로 '말하다'의 의미. 道(말할 도, 길 도).
非常道(비상도): 영원한 도가 아니다. 보편적인 도가 아니다.
名可名(명가명): 이름은 명명할 수 있다. 앞의 '名'은 명사로 이름을 말하고, 뒤의 '名'은 동사로 '명명하다', '이름으로 칭하다'.
非常名: 영원한 이름이 아니다. 보편적인 이름이 아니다.

[해석]
도는 말로 표현할 수 있으면 보편적인 도가 아니고, 이름은 명명(命名)할 수 있으면 보편적인 이름이 아니다.

(2) 上善若水, 水善利萬物而不爭. 處衆人之所惡, 故幾於道.

上善若水(상선약수): 최상의 선은 물과 같다. 若(같을 약), '上'은 '최상' '최고'.
水善利萬物而不爭(수선리만물이부쟁): 물은 만물을 잘 이롭게 하지만 다투지 않는다. '善'은 부사로 '잘/매우', '利'는 동사로 '이롭게 하다'.
處衆人之所惡(처중인지소오): 여러 사람들이 싫어하는 곳에 있다. 惡(싫어할 오).
故幾於道(고기어도): 그러므로 도에 거의 가깝다. 幾(가까울 기).

[해석]
최상의 선은 물과 같으니 물은 만물을 잘 이롭게 하지만 다투지 않는다. 여러 사람이 싫어하는 곳에 있으므로 도에 거의 가깝다.

6. 《孫子兵法》

(1) 夫兵形象水. 水之形, 避高而趨下. 兵之形, 避實而擊虛. 水因地而制流, 兵因敵而制勝. 故兵無常勢, 水無常形. 能因敵變化而取勝, 謂之神.

避高而趨下(피고이추하): 높은 곳을 피해 아래로 흐른다. 避(피할 피) 趨(달릴 추).
避實而擊虛(피실이격허): 적의 충실한 점을 피하고 허점을 공격한다. 擊(부딪칠 격).
水因地而制流(수인지이제류): 물은 지형에 따라 흐름이 제어된다.
兵因敵而制勝(병인적이제승): 군은 적의 상황에 따라 승리의 방법을 제어해야 한다.
能因敵變化而取勝(능인적변화이취승): 적의 상황에 따라 변화해야 승리를 쟁취할 수 있다.

[해석]
　무릇 군의 형태는 물과 같아야 한다. 물의 형태는 높은 곳을 피해 낮은 곳으로 흐른다. 군의 형태는 (적의) 견실한 곳을 피하고 허점을 공격해야 한다. 물은 지형에 따라 흐름이 제어된다. 군은 적의 상황에 따라 승리의 방법을 제어해야 한다. 그러므로 군은 일정한 형세가 없고 물은 일정한 형태가 없다. 적의 상황에 따라 변화하여 승리를 거둘 수 있으면 신(神)이라고 한다.

(2) 百戰百勝, 非善之善者也. 不戰而屈人之兵, 善之善者也. 上兵伐謀, 其次伐交, 其次伐兵, 其下攻城. 攻城之法, 爲不得已. 知彼知己, 百戰不殆. 不知彼 而知己, 一勝一負, 不知彼不知己, 每戰必敗.

非善之善者也(비선지선자야): 선 가운데 선이 아니다(최선이 아니다).

不戰而屈人之兵(부전이굴인지병): 싸우지 않고 남을 굴복시키는 병법(혹은 용병). 屈(굽을 굴).

上兵伐謀(상병벌모): 최고의 병법은 전쟁의 모의를 없애는 것이다. '上兵'은 '최고의 병법'. 伐(칠 벌) 謀(꾀할 모).

其次伐交(기차벌교): 그 다음은 외교관계를 차단하는 것이다.

其次伐兵(기차벌병): 그 다음은 병(군사)을 쳐버리는 것이다.

其下攻城(기하공성): 최하의 방법은 성을 공격하는 것이다.

爲不得已(위부득이): 부득이 하다. 어쩔 수 없다.

百戰不殆(백전불태): 백번 싸워도 위태롭지 않다. 殆(위태할 태).

一勝一負(일승일부): 한 번은 승리하고 한 번은 진다. 負(질 부).

[해석]

백 번 싸워 백 번 이기는 것이 최선은 아니다. 싸우지 않고 남을 굴복시키는 병법이 최선이다. 최고의 병법은 전쟁의 모의를 없애는 것이고, 그 다음은 외교관계를 차단하는 것이며, 그 다음은 병(군사)을 쳐버리는 것이며, 최하의 방법은 성을 공격하는 것이다. 성을 공격하는 것은 어쩔 수 없기 때문이다. 상대를 알고 자기를 알면 백번 싸워도 위태롭지 않다. 상대를 알지 못하지만 자기를 알면 한 번은 승리하고 한 번은 지지만, 상대도 모르고 자기도 모르면 매번 싸울 때마다 반드시 패한다.

蓋文章經國之大業, 不朽之盛事. 年壽有時而盡, 榮樂止乎其身, 二者必至之常期, 未若文章之無窮. (曹丕)

曹丕(조비, 187~226): 조조(曹操)의 아들로 삼국시대 위(魏) 나라의 초대 황제이다. 동생 조식(曹植)과 함께 문인(文人)으로서도 유명하다. 문학을 장려하였으며 문학평

론집인 〈전론(典論)〉을 편찬했는데, 여기에 수록된 '논문(論文)'은 중국에서 가장 오랜 문학이론 비평으로 평가받고 있다.

蓋文章經國之大業(개문장경국지대업): 무릇 문장은 나라를 다스리는 대업이다. 蓋(덮을 개, 대개 개). '經國(경국)'은 '나라를 경영하다', '나라를 다스리다'. 經(날 경, 경영할 경).

不朽之盛事(불후지성사): 썩지 않는 성대한 일이다. 朽(썩을 후) 盛(성할 성). '盛事(성사)'는 '성대한 사업'.

年壽有時而盡(년수유시이진): 나이와 목숨은 때가 있어 다한다. 壽(목숨 수) 盡(다할 진).

榮樂止乎其身(영락지호기신): 영화와 즐거움은 그 몸에서 그친다(죽으면 끝이다). 止(멈출 지), '乎(어조사 호)'는 전치사로 '~에서'.

二者必至之常期(이자필지지상기): 두 가지(영화와 즐거움)는 반드시 정해진 시기에 이르게 된다. '常期(상기)'는 '정해진 시기'를 의미.

未若文章之無窮(미약문장지무궁): 문장의 무궁함만 못하다(문장이 더 무궁하다). 'A未若(不如)B'는 'A는 B만 못하다' 혹은 'B는 A보다 낫다'.

[해석]
무릇 문장이란 나라를 경영하는 대업이고, 불후의 성대한 사업이다. 나이와 목숨은 때가 있어서 다하고, 영화와 즐거움은 그 몸에서 끝난다(죽으면 끝이다). 두 가지(영화와 즐거움)는 반드시 정해진 시기에 이르게 되므로 문장의 무궁함만 못하다(문장이 더 무궁하다).

勿謂今日不學而有來日, 勿謂今年不學而有來年. 日月逝矣. 歲不我延. 嗚呼老矣. 是誰之愆. ≪古文眞寶前集≫〈勸學文〉

≪古文眞寶(고문진보)≫: 송나라 말기의 학자 황견(黃堅)이 편찬한 시문선집으로 시문을 전집과 후집으로 나누어 수록하였다. 고려말에 수입된 이래 조선시대 서당에서 고문의 연변(演變)과 체법(體法)을 익히기 위한 아동용 교과서로서 중요한 위치를 차지하였다.

勿謂今日不學而有來日(물위금일불학이유래일): 오늘 배우지 않고 내일이 있다고 말하지 마라. 勿(말 물) 謂(이를 위).

日月逝矣(일월서의): 해와 달은 지나간다. 세월이 흘러간다. 逝(갈 서) 矣(어조사 의).

歲不我延(세불아연): 세월은 나를 기다려주지 않는다. 歲(해 세) 延(늘일 연).

嗚呼老矣(오호로의): 아! 늙었구나. 嗚(슬플 오) 呼(부를 호) 老(늙을 로).

是誰之愆(시수지건): 이는 누구의 잘못인가? 是(이/옳을 시) 誰(누구 수) 愆(허물/잘못 건).

[해석]
오늘 배우지 않고 내일이 있다고 말하지 마라. 올해 배우지 않고 내년이 있다고 말하지 마라. 세월은 흘러간다. 세월은 나를 기다려주지 않는다. 아! 늙었구나. 이는 누구의 잘못인가?

師說

— 韓愈

古之學者必有師. 師者, 所以傳道受業解惑也. 人非生而知之者, 孰能無惑? 惑而不從師, 其爲惑也, 終不解矣. 生乎吾前, 其聞道也固先乎吾, 吾從而師之; 生乎吾後, 其聞道也亦先乎吾, 吾從而師之. 吾師道也, 夫庸知其年之先後生於吾乎? 是故無貴無賤, 無長無少, 道之所存, 師之所存也.
　嗟乎! 師道之不傳也久矣! 欲人之無惑也難矣! 古之聖人, 其出人也遠矣, 猶且從師而問焉; 今之衆人, 其下聖人也亦遠矣, 而恥學於師. 是故聖益聖, 愚益愚. 聖人之所以爲聖, 愚人之所以爲愚, 其皆出於此乎.

　師說(사설): '스승에 대한 설(주장)', 스승을 따라 학문을 닦아야 할 당위성을 역설한 글이다. '說'은 문체의 한 분류로 사물에 대한 이치를 풀어 밝히고 자신의 의견을 진술하는 글이다
　韓愈(한유, 768~824): 당대(唐代)의 문장가. 육조(六朝) 이래의 화려한 수식을 강조한 변려문(騈儷文)을 반대하고 선진(先秦)·양한(兩漢) 때 고문(古文)을 부흥시키자는 고문운동(古文運動)을 전개함으로써 산문(散文) 발전에 공헌한 인물로 당송팔대가(唐宋八大家) 가운데 한 사람이다.
　孰能無惑(숙능무혹): 누가 의혹이 없겠는가? 반어법. 孰(누구 숙).
　生乎吾前(생호오전): 나보다 먼저 태어나다. '乎'는 '~보다'로 비교를 의미.
　其聞道也(기문도야): 그 도를 들은 것이. '也'는 주어 뒤에서 쉼을 나타냄.
　固先乎吾(고선호오): 진실로 나보다 앞선다. '乎'는 비교를 나타냄. 固(굳을 고).
　吾從而師之(오종이사지): 나는 그를 따르고 스승으로 삼을 것이다. '師'는 동사.
　吾師道也(오사도야): 나는 도를 스승으로 삼는다.
　夫庸知其年之先後生於吾乎(부용지기년지선후생어오호): 어찌 나보다 그 나이가 많고 적음을 따지겠는가? '庸(쓸 용)'은 여기서 '何(무엇/어찌 하)' 혹은 '豈(어찌 기)'의 의미.
　嗟乎(차호): '아아', 통탄하는 소리의 감탄사. 嗟(탄식할 차) 乎(어조사 호).
　其出人也遠矣(기출인야원의): 남보다 훨씬 뛰어나다. '出人'은 出衆(출중)의 의미와 비슷. 遠(멀 원).
　猶且從師而問焉(유차종사이문언): 오히려 스승을 따르고 질문하다. 猶(오히려 유)

且(또 차), '焉'은 '於之' 혹은 '於是'의 의미.

其下聖人也亦遠矣(기하성인야역원의): 성인보다 역시 훨씬 뒤처진다. '下'는 동사로 '뒤처진다'.

[해석]

　옛날 학문하는 사람은 반드시 스승이 있었다. 스승은 성인의 도를 전수하고 학업을 주고 의혹을 풀어주는 사람이다. 사람은 태어나면서부터 아는 것이 아니므로 누군들 의혹이 없을 수 있겠는가? 의혹이 있는데도 스승을 따르지 않으면 그 의혹은 끝내 풀리지 않게 된다. 나보다 먼저 태어나서 그 도를 들은 것이 역시 나보다 앞섰다면 나는 그를 따르고 스승으로 삼을 것이요, 나보다 뒤에 태어났다 하더라도 그 도를 들은 것이 역시 나보다 앞섰다면 나는 그를 따르고 스승으로 삼을 것이다. 나는 도를 스승으로 삼으므로 어찌 나보다 그 나이가 많고 적음을 따지겠는가? 이런 까닭에 귀천이 따로 없고 나이가 따로 없으니 도가 있는 곳에 곧 스승이 있다.

　아! 스승의 도리가 전해지지 않은 지가 오래되었으니, 사람이 의혹을 없애고 싶어도 어려운 일이 되었다. 옛날의 성인은 남보다 훨씬 뛰어났지만 오히려 스승을 따라가서 질문하였는데, 지금의 여러 사람은 성인보다 역시 훨씬 뒤처졌지만 스승에게 배우는 것을 부끄러워 한다. 이런 까닭에 성인은 더욱 성인다워지고, 어리석은 사람은 더욱 어리석게 되느니, 성인이 성스럽게 된 까닭과 어리석은 사람이 어리석게 된 까닭은 모두 여기에서 나온 것이다.

雜說

－ 韓愈

世有伯樂, 然後有千里馬. 千里馬常有, 而伯樂不常有. 故雖有名馬, 祗辱於奴隷人之手, 騈死於槽櫪之間, 不以千里稱也. 馬之千里者, 一食或盡粟一石. 食馬者不知其能千里而食也. 是馬也, 雖有千里之能, 食不飽, 力不足, 才美不外見. 且欲與常馬等不可得, 安求其能千里也?

策之不以其道, 食之不能盡其材, 鳴之而不能通其意, 執策而臨之, 曰, 天下無馬! 嗚呼! 其真無馬邪? 其真不知馬也!

雜說(잡설): 특별한 제목을 붙이지 않은 논설(論說). 한유(韓愈)는 총 4편의 〈雜說〉을 썼는데, 그 가운데 본 문장이 가장 대표적이다.

伯樂(백락): 주(周)나라 때 말 감정에 뛰어났던 인물.

祗(지): 오로지, 단지. '只(다만 지)'와 같은 의미. 祗(다만 지).

祗辱於奴隸人之手(지욕어노예인지수): 단지 노예의 손에 모욕을 당할 뿐이다.

駢死於槽櫪之間(변사어조력지간): (보통 말과) 똑같이 여물통 사이(즉 마구간)에서 죽게 된다. 駢(나란히 할 변) 槽(여물통 조) 櫪(말 여물통 력).

不以千里稱也(불이천리칭야): 천리마라고 칭할 수 없다.

一食或盡粟一石(일식혹진속일석): 한 끼 식사에 간혹 조 一石(20말)을 다 먹는다. 粟(조 속) 石(용량을 재는 단위, 20말에 해당).

食馬者不知其能千里而食也(사마자부지기능천리이사야): 말을 사육하는 사람은 그 말이 (하루에) 천 리를 갈 수 있다는 것을 모르고 기른다. '食(먹일 사)'로 '飼'와 통한다.

才美不外見(재미불외현): 재주와 아름다움이 겉으로 드러나지 않는다. '見'은 '現'과 통하여 '드러나다' '나타나다'의 의미.

且欲與常馬等不可得(차욕여상마등불가득): 또한 보통 말과 똑같아지길 바라지만 그러지 못한다. 等(가지런할 등).

安求其能千里也(안구기능천리야): 어찌 그 말이 천 리를 갈 수 있길 바라겠는가? '安'은 의문사로 '어찌'의 의미.

策之不以其道(책지불이기도): 말 채찍질을 정확한 방법으로 하지 않는다. 策(채찍질할 책).

食之不能盡其材(사지불능진기재): 말을 사육하지만 그 재능을 다 발휘하지 못하게 하다. '食(먹일 사)'은 '飼'와 통하여 '사육하다' '먹이다'의 의미.

鳴之而不能通其意(명지이불능통기의): 울어도 그 뜻을 통할 수 없다.

執策而臨之(집책이임지): 채찍을 들고 다가가다. 執(잡을 집) 策(채찍 책) 臨(임할 임).

其眞無馬邪(기진무마사): 진짜 천리마가 없어서인가? '邪(어조사 야)'는 문장 끝에서 의문을 나타내주어 '~인가?'의 의미로 '耶(어조사 야)'와 같다.

[해석]

　　세상에는 백락(伯樂)이 있고 난 뒤에야 천리마(千里馬)가 있다. 천리마는 항상 있지만 백락은 늘 있는 것이 아니다. 그러므로 비록 명마가 있다 하더라도 다만 노예의 손에 모욕을 당하고 마구간에서 보통 말과 함께 죽어가므로 천리마라고 칭하지 못한다. 천리마는 한 끼 식사에 간혹 한 섬의 조를 먹어치운다. 말을 먹이는 자는 그 말이 (하루에) 천 리를 갈 수 있다는 것을 모르고 기른다. 이 말이 비록 하루에 천 리를 달릴 수 있는 능력이 있다 하더라도 배불리 먹지 못하면 힘이 부족하고 재주와 아름다움이 겉으로 드러나지 않는다. 또한 보통 말과 똑같아지길 바라지만 그러지 못하니 어찌 하루에 천 리를 달릴 수 있길 바라겠는가?

　　말 채찍질을 정확한 방법으로 하지 않고, 말을 사육하지만 그 재능을 다 발휘하지 못하게 하고, (말이) 울어도 그 뜻을 통할 수 없는데, 채찍을 들고 (말에) 다가가 "천하에는 좋은 천리마가 없구나"라고 말한다. 아아! 정말로 천리마가 없는 것일까? 사실은 천리마를 모르기 때문이다.

赤壁賦
－ 蘇東坡

　蘇子曰, 客亦知夫水與月乎. 逝者如斯, 而未嘗往也. 盈虛者如彼, 而卒莫消長也. 蓋將自其變者而觀之, 則天地曾不能以一瞬. 自其不變者而觀之, 則物與我皆無盡也, 而又何羨乎. 且夫天地之間, 物各有主, 苟非吾之所有, 雖一毫而莫取. 惟江上之淸風, 與山間之明月, 耳得之而爲聲, 目遇之而成色, 取之無禁, 用之不竭, 是造物者之無盡藏也, 而吾與子之所共適.

　客喜而笑, 洗盞更酌, 肴核旣盡, 杯盤狼籍. 相與枕藉乎舟中, 不知東方之旣白.

赤壁賦(적벽부): 송(宋)나라 소동파가 벗과 술잔을 기울이며 뱃놀이를 하면서 조조의 대군과 오나라의 대군이 일전을 겨룬 적벽대전을 회상하고 자연의 아름다움과 인생의 허무함을 노래한 것이다. 적벽부(赤壁賦)는 1082년 귀양을 가서 7월에 쓴 〈전적벽부(前赤壁賦)〉와 10월에 쓴 〈후적벽부(後赤壁賦)〉가 있는데 여기서 소개한 것은 〈전적벽부〉의 끝부분이다. '부(賦)'는 문장의 한 장르로 여기서는 압운의 제약에서 자유로운 산문체의 문부(文賦)를 사용하였다.

蘇東坡(소동파, 1036~1101): 송나라 최고의 시인이며, 문장가로 당송팔대가(唐宋八大家)의 한 사람이다. 이름은 식(軾)이며, 동생은 소철(蘇轍), 부친은 소순(蘇洵)으로 그의 가문은 부유한 지식인 집안으로 명망이 높았다.

逝者如斯(서자여사): 가는 것은 이(즉 물)와 같다. 逝(갈 서) 斯(이 사).

未嘗往也(미상왕야): 일찍이 사라진 적이 없다. 嘗(일찍이 상) 往(갈 왕).

盈虛者如彼(영허자여피): 차고 이지러지는 것이 저것(즉 달)과 같다. 盈(찰 영) 虛(빌 허) 彼(저 피).

而卒莫消長也(이졸막소장야): 갑자기 소멸하지도 성장하지도 않는다. 卒(갑자기

졸).

則天地曾不能以一瞬(즉천지증불능이일순): 하늘과 땅은 일찍이 한순간도 가만히 있지 못했다. 천지는 일찍이 눈 깜짝할 사이라도 변화하였다. 曾(일찍이 증) 瞬(눈 깜짝할 순).

則物與我皆無盡也(즉물여아개무진야): 만물과 나는 모두 무궁무진하다.

苟非吾之所有(구비오지소유): 진실로 나의 소유가 아니라면. 苟(진실로 구).

雖一毫而莫取(수일호이막취): 비록 가는 털 하나라도 취하지 말 것이다. 雖(비록 수) 毫(가는 털 호).

耳得之而爲聲(이득지이위성): 귀로 들으면 소리가 된다.

目遇之而成色(목우지이성색): 눈에 마주치면 빛을 이룬다.

用之不竭(용지불갈): (아무리) 사용해도 고갈되지 않는다. 竭(다할 갈).

是造物者之無盡藏也(시조물자지무진장야): 이것은 조물주의 무궁무진한 보물이다. 盡(다할 진) 藏(저장할 장).

而吾與子之所共適(이오여자지소공적): 또한 나와 그대가 서로 누리는 것이다. 子(아들 자, 그대 자) 適(갈 적).

洗盞更酌(세잔갱작): 잔을 씻고 다시 술을 따르다. 盞(잔 잔) 更(다시 갱) 酌(따를 작).

肴核旣盡(효핵기진): 안주와 과일이 이미 다 떨어지다. 肴(안주 효) 核(씨 핵) 旣(이미 기) 盡(다될 진).

杯盤狼藉(배반낭자): 잔과 쟁반이 어지럽게 깔려있다. 杯(잔 배) 盤(소반 반) 狼(어수선할 랑) 藉(깔 자).

相與枕藉乎舟中(상여침자호주중): 서로를 베개 삼아 기대어 배에서 잠을 자다.

不知東方之旣白(부지동방지기백): 동녘이 벌써 밝았는지도 모르다. 旣(이미 기).

[해석]

　　내(즉 蘇軾 자신)가 말하길, 손님도 무릇 물과 달을 아시는지요? 가는 것이 이(즉 물)와 같으나 일찍이 사라진 적이 없다. 차고 이지러지는 것이 저것(즉 달)과 같으나 갑자기 소멸하거나 성장하지는 않는다. 대개 변한다는 관점에서 보면 하늘과 땅은 일찍이 한순간도 가만히 있지 못했다. 그 변하지 않는다는 관점에서 보면 만물과 나는 모두 무궁무진하니 또 무슨 부러울 것이 있겠는가? 그리고 무릇 하늘과 땅 사이에 모든 물건에는 주인이 있으니 만일 나의 소유가 아니면 비록 가는 털이라도 취하지 말 것이다. 오직 강 위의 맑은 바람과 산간의 명월만이 귀에 들리면 소리가 되고 눈에 마주치면 색깔을 이루니 취해도 금지된 바 없고 아무리 사용해도 고갈되지 않는다. 이는 조물주의 무궁무진한 보물로 나와 그대가 같이 향유하는 바이다.

  손님이 즐거워 웃고, 잔을 씻어 다시 대작하니 안주와 과일이 모두 떨어지고 잔과 쟁반이 어지럽게 깔렸구나. 서로를 베개 삼아 기대어 배에서 잠을 자다 보니 동녘이 벌써 밝은 줄도 모르더라.

愛蓮說

- 周敦頤

水陸草木之花, 可愛者甚蕃. 晉陶淵明獨愛菊, 自李唐來, 世人甚愛牡丹. 予獨愛蓮之出游泥而不染, 濯淸漣而不夭, 中通外直不蔓不枝, 香遠益淸, 亭亭淨植, 可遠觀而不可褻翫焉.

予謂, 菊花之隱逸者也, 牡丹花之富貴者也, 蓮花之君子者也. 噫, 菊之愛, 陶後鮮有聞. 蓮之愛, 同予者何人. 牡丹之愛, 宜乎衆矣.

愛蓮說(애련설): 연꽃을 사랑하는 설(주장)

周敦頤(주돈이, 1017~1073): 북송(北宋)의 철학가이자 문학가. 도가와 불교의 주요 인식과 개념들을 수용하여 우주의 원리와 인성에 관한 형이상학적인 신유학 이론을 개척하였다. 이것으로 정호(鄭顥)·정이(程頤) 형제와 주희(朱熹)의 사상을 거쳐 정주학파(程朱

學派), 즉 성리학이라고 불리는 중국 유학의 중심적 흐름을 형성하였다.

甚蕃(심번): 매우 많다. 甚(심할 심) 蕃(우거질 번).

陶淵明(도연명, 365~427): 중국 동진(東晋) 말기부터 남조(南朝)의 송대(宋代) 초기에 걸쳐 생존한 중국의 대표적 시인.

自~來: ~이래, ~부터. '自'는 '~에서'의 의미로 시발점을 뜻함.

李唐(이당): 이씨(李氏) 왕조인 당(唐)나라.

牡丹(모란): 음이 '모단'인데 '모란'으로 유음화(流音化)했음. 우리나라에서는 '牧丹'으로 씀.

游泥(유니): 진흙. '汚泥(오니)'라고도 함. 游(헤엄칠 유) 泥(진흙 니).

濯淸漣而不夭(탁청련이불요): 맑고 잔잔한 물결에 씻겼지만 요염하지 않다. 濯(씻을 탁) 漣(잔잔한 물결 련) 妖(아리따울 요).

中通外直不蔓不枝(중통외직불만부지): 속은 비고 겉은 곧으며 덩굴을 뻗지 않고 가지가 나오지도 않는다. 通(통할 통) 直(곧을 직) 蔓(덩굴 만) 枝(가지 지).

亭亭淨植(정정정식): 정정하고(즉 우뚝 솟아 있고) 깨끗하게 서 있다. 亭(정자 정) 淨(깨끗할 정) 植(심을 식).

褻玩(설완): 함부로 가지고 놀다. 褻(더러울 설) 玩(놀 완).

噫(희): 아! 噫(탄식할 희).

陶後鮮有聞(도후선유문): 도연명(陶淵明) 이후 들은 바가 드물었다(잘 들어보지 못했다). 鮮(고울 선, 드물 선).

同予者何人(동여자하인): 나와 같이 하는 자가 누가 있겠는가? 予(나 여).

宜乎衆矣(의호중의): 많은 사람에게 당연한 일이다. 宜(마땅할 의). '乎'는 '於'와 같아 '~에, ~에서, ~에게'의 의미.

[해석]

물이나 육지에 나는 초목의 꽃 가운데 사랑스러운 것이 매우 많다. 진나라 도연명은 홀로 국화를 사랑했고, 이씨 당나라 이래로 세상 사람들은 매우 모란을 좋아했다. 나는 유독 연꽃이 진흙에서 나왔지만 오염되지 않고 맑고 잔잔한 물결에 씻겼지만 요염하지 않고, 속은 비었고 밖은 곧으며, 덩굴은 뻗지 않고 가지를 치지 아니하며, 향기는 멀리까지 퍼져 더욱 맑고, 꼿꼿하게 깨끗이 서 있어 멀리서 바라볼 수는 있으나 함부로 가지고 놀 수 없어서 (연꽃을) 사랑한다.

　내가 말하건대, 국화는 꽃 중에서 속세를 피해 사는 자요, 모란은 꽃 중에 부귀한 자요, 연꽃은 꽃 중에 군자다운 자라고 할 수 있다. 아! 국화를 사랑하는 이는 도연명 이후로 들어본 일이 드물고, 연꽃 사랑은 나와 같이하는 자가 누가 있겠는가? 모란의 사랑은 많은 사람에게 마땅하다(모란을 많은 사람이 사랑하는 것은 당연하다).

부록

1. 8급~5급 한자
2. 한문 문장의 형식
3. 주요 허사(虛辭) 용법

1. 8급~5급 한자

1.1. 8급

校 학교 교	敎 가르칠 교	九 아홉 구	國 나라 국
軍 군사 군	金 쇠 금	南 남녘 남	女 여자 녀
年 해 년	大 큰 대	東 동녘 동	六 여섯 륙
萬 일만 만	母 어미 모	木 나무 목	門 문 문
民 백성 민	北 북녘 북	白 흰 백	父 아비 부
四 넉 사	山 뫼 산	三 석 삼	生 날 생
西 서녘 서	先 먼저 선	小 작을 소	水 물 수
室 집 실	十 열 십	五 다섯 오	王 임금 왕
外 바깥 외	月 달 월	二 두 이	人 사람 인
日 해 일	一 한 일	長 길 장	弟 아우 제
中 가운데 중	靑 푸를 청	寸 마디 촌	七 일곱 칠
土 흙 토	八 여덟 팔	學 배울 학	韓 한국 한
兄 형 형	火 불 화		

韓國(한국)	東西南北(동서남북)	三三五五(삼삼오오)
先生(선생)	父母兄弟(부모형제)	日月(일월)
山水(산수)	學校(학교)	四寸(사촌)

女子(여자)	室外(실외)	國軍(국군)
大門(대문)	人生(인생)	靑山(청산)
中國(중국)	火山(화산)	大小(대소)
萬年(만년)	國土(국토)	長生(장생)

1.2. 준7급

家 집 가	間 사이 간	江 강 강	車 수레 거/차
空 빌 공	工 만들 공	記 기록할 기	氣 기운 기
男 사내 남	內 안 내	農 농사 농	答 답할 답
道 길 도	動 움직일 동	力 힘 력	立 설 립
每 매양 매	名 이름 명	物 물건 물	方 모 방
不 아닐 불/부	事 일 사	上 위 상	姓 성씨 성
世 누리 세	手 손 수	市 시장 시	時 때 시
食 밥 식	安 편안할 안	午 낮 오	右 오른 우
自 스스로 자	子 아들 자	場 마당 장	電 번개 전
前 앞 전	全 온전할 전	正 바를 정	足 발/족할 족
左 왼 좌	直 곧을 직	平 평평할 평	下 아래 하
漢 한나라 한	海 바다 해	話 말씀 화	活 살 활
孝 효도 효	後 뒤 후		

家長(가장)	空間(공간)	自動車(자동차)	前方(전방)
午前(오전)	孝道(효도)	活力(활력)	安全(안전)
市場(시장)	水平(수평)	正直(정직)	世上(세상)
電氣(전기)	時間(시간)	每日(매일)	左右(좌우)
不足(부족)	手工(수공)	食事(식사)	農事(농사)
男子(남자)	正道(정도)	四方(사방)	事物(사물)
海水(해수)	午後(오후)	活動(활동)	孝道(효도)

1.3. 7급

歌 노래 가	口 입 구	旗 기 기	洞 마을 동
同 한가지 동	冬 겨울 동	登 오를 등	來 올 래
老 늙을 로	里 마을 리	林 수풀 림	面 낯 면
命 목숨 명	文 글월 문	問 물을 문	百 일백 백
夫 남편 부	算 셈 산	色 빛 색	夕 저녁 석
所 바 소	少 적을 소	數 셈 수	植 심을 식
心 마음 심	語 말씀 어	然 그러할 연	有 있을 유
育 기를 육	邑 고을 읍	入 들 입	字 글자 자
祖 할아버지 조	住 살 주	主 주인 주	重 무거울 중
紙 종이 지	地 땅 지	川 내 천	天 하늘 천
千 일천 천	草 풀 초	村 마을 촌	秋 가을 추

春 봄 춘	出 날 출	便 편할 편	夏 여름 하
花 꽃 화	休 쉴 휴		

歌手(가수)	入口(입구)	國旗(국기)	同一(동일)
登山(등산)	來日(내일)	山林(산림)	生命(생명)
文學(문학)	學問(학문)	算數(산수)	紙面(지면)
天地(천지)	語文(어문)	住所(주소)	夫婦(부부)
祖上(조상)	植物(식물)	花草(화초)	重大(중대)
休日(휴일)	自然(자연)	漢字(한자)	教育(교육)
出入(출입)			
春夏秋冬(춘하추동)		男女老少(남녀노소)	
山川草木(산천초목)			

1.4. 준6급

角 뿔 각	各 각각 각	計 셀 계	界 지경 계
高 높을 고	功 공적 공	共 함께 공	公 공평할 공
科 과목 과	果 열매 과	光 빛 광	球 공 구
今 이제 금	急 급할 급	樂 즐길 락/음악 악/좋아할 요	對 대할 대	代 세대/대신할 대
短 짧을 단	堂 집 당	對 대할 대	代 세대/대신할 대

圖 그림 도	讀 읽을 독	童 아이 동	等 무리/같을 등
理 다스릴 리	利 이로울 리	明 밝을 명	聞 들을 문
班 나눌 반	反 돌이킬 반	半 반 반	發 필 발
放 놓을 방	部 떼 부	分 나눌 분	社 모일 사
書 글 서	線 줄 선	雪 눈 설	省 살필 성/덜 생
成 이룰 성	消 사라질 소	術 재주 술	始 비로소 시
身 몸 신	神 귀신 신	新 새 신	信 믿을 신
藥 약 약	弱 약할 약	業 일 업	用 쓸 용
勇 날랠 용	運 옮길/운 운	飮 마실 음	音 소리 음
意 뜻 의	昨 어제 작	作 지을 작	才 재주 재
戰 싸울 전	庭 뜰 정	第 차례 제	題 제목 제
注 부을 주	集 모을 집	窓 창문 창	淸 맑을 청
體 몸 체	表 겉 표	風 바람 풍	幸 다행 행
現 나타날 현	形 모양 형	和 화할 화	會 모일 회

計算(계산)	世界(세계)	高等(고등)	成功(성공)
學科(학과)	公共(공공)	地球(지구)	今日(금일)
部分(부분)	書堂(서당)	音樂(음악)	圖書(도서)
新聞(신문)	代身(대신)	反省(반성)	社會(사회)
始作(시작)	信用(신용)	身體(신체)	弱小(약소)
飮食(음식)	昨年(작년)	作戰(작전)	業所(업소)

才能(재능)	第一(제일)	注目(주목)	集會(집회)
窓門(창문)	題目(제목)	和合(화합)	家庭(가정)
幸運(행운)	現在(현재)	勇氣(용기)	神學(신학)
四角形(사각형)	淸風明月(청풍명월)		

1.5. 6급

感 느낄 감	強 강할 강	開 열 개	京 서울 경
苦 쓸 고	古 옛 고	交 사귈 교	區 구분할 구
郡 고을 군	近 가까울 근	根 뿌리 근	級 등급 급
多 많을 다	待 기다릴 대	度 법도 도	頭 머리 두
禮 예도 례	例 법식 례	路 길 로	綠 푸를 록
李 오얏 리	目 눈 목	美 아름다울 미	米 쌀 미
朴 성씨 박	番 차례 번	別 다를 별	病 병 병
服 옷 복	本 근본 본	使 부릴 사	死 죽을 사
石 돌 석	席 자리 석	速 빠를 속	孫 손자 손
樹 나무 수	習 익힐 습	勝 이길 승	式 법 식
失 잃을 실	愛 사랑 애	野 들 야	夜 밤 야
陽 볕 양	洋 큰바다 양	言 말씀 언	永 길 영
英 꽃부리 영	溫 따뜻할 온	遠 멀 원	園 동산 원
由 말미암을 유	油 기름 유	銀 은 은	醫 의원 의

衣 옷 의	者 놈 자	章 글 장	在 있을 재
定 정할 정	朝 아침 조	族 겨레 족	晝 낮 주
親 친할 친	太 클 태	通 통할 통	特 특별할 특
行 다닐 행	合 합할 합	向 향할 향	號 이름 호
畫 그림 화	黃 누를 황	訓 가르칠 훈	

感動(감동)	强弱(강약)	開學(개학)	北京(북경)
苦生(고생)	古今(고금)	交通(교통)	區別(구별)
遠近(원근)	根本(근본)	同級(동급)	多少(다소)
期待(기대)	溫度(온도)	先頭(선두)	禮法(예법)
一例(일례)	道路(도로)	綠色(녹색)	面目(면목)
美術(미술)	番號(번호)	病名(병명)	衣服(의복)
使命(사명)	生死(생사)	座席(좌석)	速力(속력)
孫子(손자)	樹木園(수목원)	學習(학습)	勝利(승리)
失敗(실패)	愛情(애정)	分野(분야)	太陽(태양)
海洋(해양)	言語(언어)	永遠(영원)	英國(영국)
自由(자유)	油田(유전)	醫術(의술)	記者(기자)
文章(문장)	在學(재학)	一定(일정)	部族(부족)
晝夜(주야)	母親(모친)	特別(특별)	行動(행동)
合同(합동)	南向(남향)	王朝(왕조)	畫家(화가)
黃人種(황인종)	敎訓(교훈)		

1.6. 준5급

價 값 가	客 손 객	格 격식 격	見 볼 견
結 맺을 결	決 결단할 결	敬 공경할 경	告 고할 고
過 지날 과	課 과정 과	關 관계할 관	觀 볼 관
廣 넓을 광	舊 예 구	具 갖출 구	局 판 국
己 몸 기	基 터 기	念 생각 념	能 능할 능
團 둥글 단	當 마땅 당	宅 집 댁/택	德 덕 덕
到 이를 도	獨 홀로 독	朗 밝을 랑	良 어질 량
旅 나그네 려	歷 지낼 력	練 익힐 련	勞 일할 로
流 흐를 류	類 무리 류	陸 뭍 륙	望 바랄 망
法 법 법	變 변할 변	兵 병사 병	福 복 복
奉 받들 봉	士 선비 사	史 역사 사	仕 섬길 사
産 낳을 산	相 서로 상	商 장사 상	鮮 고울/물고기 선
仙 신선 선	說 말씀 설	性 성품 성	歲 해 세
洗 씻을 세	束 묶을 속	首 머리 수	宿 잘 숙
順 순할 순	識 알 식	臣 신하 신	實 열매 실
兒 아이 아	惡 악할 악	約 맺을 약	養 기를 양
要 요긴할 요	雨 비 우	友 벗 우	雲 구름 운
元 으뜸 원	偉 클 위	以 써 이	任 맡길 임
材 재목 재	財 재물 재	的 과녁 적	展 펼 전

傳 전할 전	典 법 전	節 마디 절	切 끊을 절
店 가게 점	情 뜻 정	調 고를 조	卒 마칠 졸
種 씨 종	週 돌 주	州 고을 주	知 알 지
質 바탕 질	着 붙을 착	參 참여할 참	責 꾸짖을 책
充 채울 충	品 물건 품	筆 붓 필	必 반드시 필
害 해할 해	化 될 화	效 본받을 효	凶 흉할 흉

價格(가격)	觀光客(관광객)	見學(견학)	結果(결과)
決定(결정)	敬禮(경례)	告知(고지)	功過(공과)
日課(일과)	關係(관계)	新舊(신구)	道具(도구)
形局(형국)	自己(자기)	基本(기본)	念頭(염두)
團合(단합)	當然(당연)	自宅(자택)	道德(도덕)
到着(도착)	獨立(독립)	明朗(명랑)	旅客(여객)
歷史(역사)	練習(연습)	勞動(노동)	流速(유속)
人類(인류)	陸地(육지)	大望(대망)	法人(법인)
變化(변화)	兵士(병사)	福不福(복불복)	奉仕(봉사)
生産(생산)	相對(상대)	商店(상점)	朝鮮(조선)
神仙(신선)	說明(설명)	人性(인성)	百歲(백세)
洗車(세차)	約束(약속)	首席(수석)	宿所(숙소)
順調(순조)	知識(지식)	臣下(신하)	事實(사실)
兒童(아동)	惡行(악행)	養生(양생)	重要(중요)

友情(우정)	元祖(원조)	偉大(위대)	任務(임무)
材木(재목)	財物(재물)	的中(적중)	展開(전개)
法典(법전)	名節(명절)	根絶(근절)	切開(절개)
卒業(졸업)	種類(종류)	每週(매주)	光州(광주)
參席(참석)	責望(책망)	充足(충족)	性品(성품)
名筆(명필)	必勝(필승)	害惡(해악)	凶年(흉년)
美風良俗(미풍양속)		以心傳心(이심전심)	

1.7. 5급

可 옳을 가	加 더할 가	改 고칠 개	擧 들 거
去 갈 거	建 세울 건	健 굳셀 건	件 물건 건
輕 가벼울 경	競 다툴 경	景 볕 경	考 생각 고
固 굳을 고	曲 굽을/가락 곡	橋 다리 교	救 구원할 구
貴 귀할 귀	規 법 규	給 줄 급	期 기약할 기
技 재주 기	吉 길할 길	壇 단 단	談 말씀 담
都 도읍 도	島 섬 도	落 떨어질 락	冷 찰 랭
量 헤아릴 량	領 거느릴 령	令 명령할 령	料 재료 료
馬 말 마	末 끝 말	亡 망할 망	賣 팔 매
買 살 매	無 없을 무	倍 곱 배	鼻 코 비
費 쓸 비	比 견줄 비	氷 얼음 빙	査 조사할 사

思 생각 사	寫 베낄 사	賞 상줄 상	序 차례 서
選 가릴 선	船 배 선	善 착할 선	示 보일 시
案 책상 안	魚 물고기 어	漁 고기잡을 어	億 억 억
熱 더울 열	葉 잎 엽	屋 집 옥	完 완전할 완
曜 빛날 요	浴 목욕할 욕	牛 소 우	雄 수컷 웅
院 집 원	願 원할 원	原 근원 원	位 자리 위
耳 귀 이	因 인할 인	災 재앙 재	再 다시 재
爭 다툴 쟁	貯 쌓을 저	赤 붉을 적	停 머물 정
操 잡을 조	終 마칠 종	罪 허물 죄	止 그칠 지
唱 부를 창	鐵 쇠 철	初 처음 초	最 가장 최
祝 빌 축	致 이를 치	則 법 칙/곧 즉	他 남 타
打 칠 타	卓 책상/높을 탁	炭 숯 탄	板 널빤지 판
敗 질 패	河 물 하	寒 찰 한	許 허락할 허
湖 호수 호	患 근심 환	黑 검을 흑	

可能(가능)	加熱(가열)	改善(개선)	選擧(선거)
去來(거래)	建國(건국)	健康(건강)	事件(사건)
輕重(경중)	競爭(경쟁)	景致(경치)	思考(사고)
固着(고착)	歌曲(가곡)	陸橋(육교)	救命(구명)
貴下(귀하)	法規(법규)	給食(급식)	期約(기약)
技術(기술)	吉日(길일)	花壇(화단)	談話(담화)

都市(도시)	獨島(독도)	落下(낙하)	冷氣(냉기)
分量(분량)	要領(요령)	命令(명령)	材料(재료)
期末(기말)	死亡(사망)	賣買(매매)	無人(무인)
倍數(배수)	費用(비용)	比較(비교)	氷河(빙하)
調査(조사)	思想(사상)	寫眞(사진)	賞金(상금)
序論(서론)	選擇(선택)	商船(상선)	最善(최선)
展示(전시)	方案(방안)	魚類(어류)	漁業(어업)
百億(백억)	高熱(고열)	落葉(낙엽)	家屋(가옥)
完全(완전)	曜日(요일)	入浴(입욕)	牛馬(우마)
大學院(대학원)	所願(소원)	原則(원칙)	位相(위상)
因果(인과)	災害(재해)	再發(재발)	戰爭(전쟁)
貯蓄(저축)	赤十字(적십자)	停止(정지)	操作(조작)
終了(종료)	有罪(유죄)	唱法(창법)	鐵道(철도)
始初(시초)	祝願(축원)	其他(기타)	打者(타자)
看板(간판)	敗北(패배)	許可(허가)	湖水(호수)
走馬看山(주마간산)		馬耳東風(마이동풍)	
知行一致(지행일치)		卓上空論(탁상공론)	
三寒四溫(삼한사온)		有備無患(유비무환)	

2. 한문 문장의 형식

한문 문장은 단문(短文)과 복문(複文)으로 나뉘며, 복문은 다시 병렬문과 주종복합문으로 나뉜다. 단문의 형식은 서술어의 성질, 행위의 주체, 화자와 청자에 대한 의향, 화자의 심리적 태도 등을 기준으로 세분할 수 있다.

(1) 평서문(平敍文)
사물이나 사실을 있는 그대로 서술하거나 묘사하는 문장 형식이다.

> 義人之正路也. 의는 사람의 바른 길이다.
> 朝聞道夕死可矣. 아침에 도를 들으면 저녁에 죽어도 좋다.
> 三人行必有我師焉. 세 사람이 길을 가면 반드시 그 가운데에 나의 스승이 있다.

평서문은 위와 같이 주로 문장 끝에 '也, 矣, 焉' 등이 사용된다.

(2) 부정문(否定文)
'不, 非, 無, 莫, 未, 弗' 등의 부정사를 사용하여 어떤 동작이나 상태 혹은 사물을 부정하는 뜻을 나타낸다

> 一羽之不擧, 爲不用力焉. 한 개의 깃털을 들지 못하는 것은 힘을 쓰지 않기 때문이다.
> 無惻隱之心, 非人也. 측은지심이 없으면 사람이 아니다.
> 存乎人者, 莫良於眸子. 사람에게 있는 것 중에 눈동자보다 진실된 것이 없다.

(3) 금지문(禁止文)
'勿, 莫, 毋, 無, 不' 등을 사용하여 금지의 뜻을 나타내는 형식이다.

> 非禮勿視, 非禮勿聽. 예가 아니면 보지 말고, 예가 아니면 듣지 말라.
> 不患人之不己知. 남이 자신을 알아주지 않음을 근심하지 말라.

毋多言, 毋自欺. 말을 많이 하지 말고 자기를 속이지 말라.

無欲速, 無見小利! 일을 빨리하지 말고 작은 이익을 돌아보지 마라!

(4) 의문문(疑問文)

의문의 뜻을 나타내는 문장 형식이다. 의문사나 의문형의 조사를 수반한다. 평서문 끝에 '乎, 與, 哉, 耶' 등과 같은 의문 어조사가 있거나, 문장의 첫머리나 중간에 '誰, 何, 孰, 安, 豈, 胡' 등이 들어가는 문장이다.

客亦知夫水與月乎? 손님 역시 무릇 물과 달을 아시는지요?

是誠何心哉? 이것은 진실로 무슨 마음입니까?

其眞無馬耶? 그 정말 말이 없는 것이냐?

弟子孰爲好學? 제자들 가운데 누가 배우기를 좋아합니까?

何爲則民服? 어떻게 해야 백성이 복종하겠는가?

子將安之? 그대는 장차 어디로 가는가?

(5) 반어문(反語文)

의문의 형태를 지니면서 의문이 아닌 강한 강조를 의미하게 되는 문장이다. '豈, 何, 安, 胡, 況, 寧, 奚' 등의 부사가 사용되며, '乎, 哉, 耶' 등의 의문 어조사와 호응하여 사용된다.

豈人所不能哉? 어찌 사람이 할 수 없겠는가?

田園將蕪, 胡不歸? 전원이 장차 거칠어지려고 하는데 어찌 돌아가지 않으리?

燕雀安知鴻鵠(홍곡)之志哉? 제비나 참새가 어찌 기러기와 고니의 큰 뜻을 알겠는가?

王侯將相, 寧有種乎? 왕후와 장상의 종자가 어찌 따로 있겠는가?

死馬且買之, 況生者乎? 죽은 말도 또한 사는데, 하물며 산 것에 있어서랴?

(6) 사동문(使動文)

사람이나 사물에게 어떤 동작을 시키는 뜻을 나타내는 문장 형식이다. '使, 敎, 令' 등을 사용하며 '~하여금 ~시키다'의 의미를 갖는다.

天帝使我長百獸. 천제께서 나로 하여금 온갖 짐승들의 우두머리를 하게 하셨다.

常恐是非聲到耳, 故敎流水盡籠山. 항상 시비 따지는 소리가 귀에 이를까 두려워하여, 일부러 흐르는 물로 온통 산을 감싸게 하였도다.

賢婦令夫貴. 어진 아내는 남편으로 하여금 귀하게 여기도록 시킨다.

(7) 피동문(被動文)

어떤 사람이나 사물이 어떤 동작을 받게 되는 뜻을 나타내는 문장의 형식이다. '被, 爲, 所, 見~于~, 爲~所~' 등이 사용되며, 전치사 '於, 于, 乎'도 피동문을 만들기도 한다.

被人笑且被人罵. 남에게 웃음거리가 되고 남에게 욕을 먹었다.

身爲宋國笑. 자신은 송나라의 웃음거리가 되었다.

勞心者治人, 勞力者治於人. 마음을 쓰는 자는 남을 다스리고 힘을 쓴 자는 남에게 다스림을 당한다.

不信乎朋友, 不獲乎上矣. 친구에게 불신을 당하면 윗사람에게도 신임을 얻지 못한다.

(8) 비교문(比較文)

다른 것과 비교하거나 여럿 가운데서 하나를 선택하는 뜻을 나타내는 문장 형식이다. 전치사 '於, 于, 乎' 혹은 형용사 '如, 若'을 사용한다. 'A不如B, 與其A寧B, 與其A不若B' 등과 같이 'A보다는 차라리 B가 낫다'는 비교급 문장도 있다.

霜葉紅於二月花. 서리 맞은 잎이 2월 꽃보다 붉다.

國之語音異乎中國. 나라의 말이 중국과 다르다.

學問如逆水行舟. 학문은 물을 거슬러 배를 가게 하는 것과 같다.

君子之交淡若水. 군자의 사귐은 물과 같이 담백하다.

百聞不如一見. 백 번 듣는 것보다 한 번 보는 것이 낫다.

禮與其奢也寧儉. 예는 사치스럽게 보다는 검소하게 하는 것이 낫다.

(9) 가정문(假定文)

조건이나 가정을 의미하는 문장이다. '若, 如, 苟, 或, 雖' 등이 사용된다.

> 春若不耕, 秋無所望. 봄에 경작하지 않으면 가을에 바랄 것이 없다.
> 苟非吾之所有, 雖一毫而莫取. 진실로 나의 것이 아니라면 비록 하나의 터럭이라도 취하지 말라.
> 心誠求之, 雖不中不遠. 마음이 진실로 그것을 구한다면 비록 적중하지 않더라도 멀지 않을 것이다.
> 或學而知之, 或困而知之. 혹은 배워서 알거나 혹은 곤욕을 겪어서 알게 된다.

(10) 감탄문(感歎文)

감탄을 표현하는 어조를 나타내는 문장 형식이다. 감탄사 '嗚呼(오호), 噫(희), 嗟乎(차호)'기 사용되거나, 문말어조사 '乎, 與, 哉, 夫, 矣'가 사용되는 경우가 있다.

> 噫! 天喪予! 天喪予! 아! 하늘이 날 버리는구나! 하늘이 날 버리는구나!
> 嗟乎! 師道之不傳也, 久矣! 아! 사도(師道)가 전해지지 않은 지가 오래도다!
> 賢哉! 回也. 어질구나! 안회여.
> 無爲而治者, 其舜也與! 인위적이지 않게 다스리는 사람은 그는 바로 순임금이로구나!

(11) 한정문(限定文)

범위나 정도를 한정하는 뜻을 나타내는 문장 형식이다. '唯, 惟, 但, 只, 獨, 特, 直, 徒' 등과 같은 부사를 사용하거나, '耳, 爾, 而已, 而已矣' 등과 같은 문말 조사를 사용하는 경우이다.

> 唯仁者能好人, 能惡人. 오직 어진 사람만이 사람을 좋아할 수 있고 사람을 미워할 수 있다.
> 直不百步耳, 是亦走也. 다만 백 걸음이 아닐 뿐이지 이것 역시 달아난 것이다.
> 夫子之道忠恕而已矣. 선생님의 도는 충서일 뿐이다.

3. 주요 허사(虛辭) 용법

(1) 於(=于)
　① 장소, 대상, 시간, 유래: '~에, ~에서, ~(으)로'
　　장소: 李舜臣卒於船上. 이순신은 배에서 죽었다.
　　대상: 吾十有五而志于學. 나는 15세에 배움에 뜻을 두었다.
　　시간: 孔孟之道傳於千萬世. 공맹의 도가 천만세에 전한다.
　　유래: 靑取之於藍. 푸른색은 남색에서 취했다.

　② 비교: '~보다'
　　霜葉紅於二月花. 서린 맞은 잎이 2월 꽃보다 붉다.
　　靑出於藍而靑於藍. 푸른색은 남색에서 나왔지만, 남색보다 푸르다.

　③ 수동: '~에게 ~을(를) 당하다'
　　勞心者治人, 勞力者治於人. 마음을 쓰는 자는 남을 다스리고 힘을 쓰는 자는 남에게 다스림을 당한다.

　④ 감탄사: '아!'
　　于嗟, 薨兮, 命之衰矣. 아! 죽어감이여 명이 쇠퇴하였도다.
　　於戲, 前王不忘. 아아! 전왕을 잊을 수가 없구나.

(2) 以
　① 수단, 방법, 도구, 재료: '~로써, ~을 가지고서'
　　以子之矛陷子之楯, 何如. 당신의 창으로 당신의 방패를 찌르면 어떻겠습니까?

　② 이유, 원인: '~이므로, ~이어서, ~때문에'
　　君子不以言擧人, 不以人廢言. 군자는 말 잘한다고 사람을 추천하지 않으며, 사람 때문에 좋은 말을 버리지 않는다.

未嘗以貧廢學. 일찍이 가난 때문에 배움을 포기하지는 않았다.

③ 신분, 자격: '~로서, ~의 자격으로서'
以臣弑君, 何爲仁乎. 신하로서 임금을 시해하면 어찌 어질다고 하겠습니까?
王待吾以國士. 왕이 나를 국사로서 대접했다.

④ 목적어를 동사 앞으로 당김: '~을(를)'
弟得黃金二錠, 以其一與兄. 아우가 황금 두 정을 얻어 그 하나를 형에게 주었다.
堯以天下讓許由. 요임금은 허유에게 천하를 양보했다.

⑤ 시점: '~에'
以三月甲子日, 市出虎焉. 삼월 갑자일에 시장에 호랑이가 나타났다.

⑥ 순접 : '~하여, ~해서', 접속사 '而'와 같음
滿醉以歌舞. 만취해서 노래하고 춤춘다.
樂以忘憂. 즐거워서 걱정을 잊었다.

⑦ 동사 뒤에서 명사로 사용: 이유, 까닭
古人秉燭夜遊, 良有以也. 옛사람들이 촛불을 잡고 밤에 논 것은 진실로 까닭이 있다.

⑧ '以A爲B': 'A를 B라고 여기다(생각하다, 삼다)'
以修身爲本. 수신을 기본으로 삼는다.

(3) 之
① 주격조사로 '~은, ~는, ~이, ~가'
水之就下. 물은 아래로 흐른다.
富與貴是人之所欲也. 부와 귀는 사람이 바라는 바이다.

② 관형격으로 '~의, ~하는(~한)'

父母之恩. 부모의 은혜

天下之難事必作於易. 천하의 어려운 일은 반드시 쉬운 데서 시작된다.

積善之家必有餘慶. 선을 쌓는 집안은 반드시 넉넉한 경사가 있다.

③ 목적격으로 '~(을)를'

天命之謂性. 천명을 성이라고 한다.

菊之愛, 陶後鮮有聞. 국화를 사랑한 사람을 도연명 이후 거의 듣지 못했다.

④ 지시대명사로 '이것, 그것'으로 해석하며 동사 뒤에 놓인다.

敬人者, 人恒敬之. 남을 공경하는 사람은 남이 항상 그를 공경한다.

學而時習之, 不亦說乎? 배우고 때때로 그것을 익히면 또한 즐겁지 않겠는가?

⑤ 동사 '가다'의 뜻으로 '之' 뒤에 장소를 나타내는 명사가 따른다.

每日之海上. 매일 바닷가에 간다.

牛何之. 소는 어디로 가는가?

(4) 而

① 순접 접속사: '그리고, ~해서, ~하고'

得天下英才而教育之. 천하 영재를 얻어서 그들을 교육하다.

敏於事而慎於言. 일에는 민첩하고 말에는 신중하다.

② 역접 접속사: '그러나, ~하나'

心不在焉, 視而不見, 聽而不聞. 마음이 있지 않으면 보아도 보이지 않고, 들어도 들리지 않는다.

人不知而不慍, 不亦君子乎? 남이 알아주지 않아도 성내지 않으면 또한 군자가 아니겠는가?

③ 자격, 신분: '~로서'
　人而無志 終身無成. 사람으로서 뜻이 없으면 평생 이룰 게 없다.
　人而不仁, 如禮何. 사람으로서 어질지 못하면 예를 어떻게 할 것인가?.

④ 가정, 조건: '만약 ~하면'
　幼而不學, 老無所知. 어려서 배우지 않으면 늙어서 아는 것이 없다.

⑤ 한정종결사: '~而, ~而已, ~而已矣'의 형태로 '~일 뿐이다. ~일 따름이다'.
　孔孟之道, 正其道而, 不謀其利. 공맹의 도는 그 도리를 바로잡을 뿐이요, 그 이익을 도모하지 않는다.
　亦有仁義而已矣. 또한 인과 의가 있을 따름입니다.
　夫子之道 忠恕而已矣. 선생님의 도는 충과 서일 따름이다.

⑥ 2인칭: '너, 그대'
　夫差, 而忘越人之殺而父耶. 부차야, 너는 월나라 사람이 네 아버지를 죽인 것을 잊었는가?
　余知而無罪也. 나는 네가 무죄임을 안다.

⑦ 접미사(부사와 용언의 연결): 시간, 때.
　朝而往, 暮而歸. 아침에 갔다가, 저녁에 돌아온다.

그밖에 '始而(비로소), 久而(오랫동안), 今而(이제), 五十而(오십에), 繼而(이어서)'와 같은 용법으로 사용된다.

(5) 爲
① 전치사: '~위하여, ~때문에, ~에게, ~에 대하여'
　爲人謀而不忠乎? 남을 위해 일을 도모함에 정성을 다하지 않았는가?
　吾弟爲我死, 我何生爲? 내 동생은 나 때문에 죽었는데, 내가 무엇 때문에 살기를 구하겠는가?
　　不足爲外人道也. 바깥사람에게 말할 것이 못 된다.

② 동사: '~이다, ~되다, ~하다'
　　~이다: 勤爲無價之寶. 부지런함은 값을 매길 수 없는 보배이다.
　　~되다: 學者乃爲君子. 배운 사람은 군자가 된다.
　　~하다: 見義不爲, 無勇. 의를 보고도 하지 않으면 용기가 없는 것이다.

③ 숙어
　　以~爲~ : ~을 ~라 여기다.
　　鮑叔不以我爲不肖. 포숙은 나를 못났다고 여기지 않는다.
　　爲~所~ : ~에게 ~을 당하다.
　　好憎人者, 亦爲人所憎. 남을 미워하기를 좋아하는 자는 역시 남에게 미움을 당한다.

(6) 與
① 접속사: '~와, ~과', 동격으로 'A與B' 형태
　　富與貴, 是人之所欲也. 부유함과 귀함, 이것은 사람이 누구나 바라는 것이다.
　　善德女王與眞德女王皆新羅女王也. 선덕여왕과 진덕여왕은 모두 신라 여왕이다.

② 전치사: '~와 함께, ~와 더불어'
　　與民同樂. 백성과 더불어 즐긴다.
　　與文字不相流通. 문자와 더불어 서로 유통하지 않는다.

③ 동사: '주다'
　　兄與弟黃金. 형이 아우에게 황금을 주었다.

④ 의문 또는 감탄 종결사: '~인가?, ~이로다!'
　　民之不正, 是誰之過與? 백성의 부정이 누구의 잘못인가?

孝弟也者, 其爲仁之本與. 효와 공경은 인을 행하는 근본이로다!

⑤ 관용구: '與其A寧(혹은 不如)B, A보다는 차라리 B가 낫다'
禮與其奢也寧儉. 예는 사치하기보다는 차라리 검소한 것이 낫다.
與其生辱不如死快. 치욕스럽게 살기보다는 깨끗하게 죽는 편이 낫다.

(7) 諸
① 문장 중간: '~을 ~에(之於의 축약)'
君子求諸己, 小人求諸人. 군자는 그것을(원인을) 자기에게서 구하고, 소인은 남에게 그것을 구한다.
不若投諸江而忘之. 강물에 그것을 던져서 그것을 잊는 것이 더 좋겠다.

② 문장 끝: '~하였는가?(之乎의 축약)'
雖有粟, 吾得而食諸? 비록 곡식이 있더라도 내가 얻어서 그것을 먹을 수 있겠는가?
湯放桀, 武王伐紂, 有諸? 탕임금이 걸을 내쫓고 무왕이 주를 정벌했다고 하는데 그런 일이 있습니까?

③ 접두사: '모든'
諸君不察耳. 여러분이 살피지 않았을 뿐이다.
一日不念善, 諸惡皆自起. 하루라도 선을 생각하지 않으면 모든 악이 저절로 생긴다.

(8) 焉
① 반어 부사: '어찌 ~하겠는가?'
未知生, 焉知死? 삶도 알지 못하는데 어찌 죽음을 알겠는가?
不入虎穴, 焉得虎子? 호랑이 굴에 들어가지 않고 어찌 새끼 호랑이를 잡겠습니까?

② 의문사: '어디, 어떻게, 어떤'
天下之父歸之, 其子焉往? 천하의 어버지들이 그에게로 돌아간다면 그 아이들은 어디

로 갑니까?

焉故必智哉? 어떤 연고로 반드시 슬기로울 수 있겠습니까?

③ 종결사: '~이다', '也', '矣'와 같음

一日克己復禮, 天下歸仁焉. 하루라도 자기를 이기고 예로 돌아가면 천하가 모두 인으로 돌아갈 것이다.

④ '於之'의 축약

三人行必有我師焉. 세 사람이 길을 갈 때 거기에는 반드시 나의 스승이 있다.

(9) 者

① 불완전명사: '~라는 것, ~하는 것, ~한 사람'

仁者無敵. 어진 자는 적이 없다.

農者天下之大本也. 농사는 천하의 큰 근본이다.

孝者百行之本也. 효라는 것은 온갖 행실의 근본이다.

仁者愛人. 인이란 사람을 사랑하는 것이다.

② 접미사: 시간에 사용하여 '~에'

昔者東海龍女病心. 옛날에 동해 용왕의 딸이 마음에 병이 걸렸다.

그밖에 '近者(요즈음), 今者(오늘날), 向(嚮)者(지난번에)'와 같은 용법으로 사용된다.

③ 장소: '~곳'

水淺者大魚不遊. 물이 얕은 곳은 큰 고기가 놀지 않는다.

(10) 所

① 불완전명사로 수식어가 뒤에 쓰임: '~하는 것, ~이라는 바, ~하는 곳'

人之所欲也. 사람들이 하고 싶은 것이다.

② 피동: '爲A所B, A에게 B당하다'
爲奴隷人之手所辱. 노예의 손에 모욕을 당하다.

③ 이유, 목적, 수단
師者所以傳道授業解惑也. 스승은 도(道)를 전하고 학업을 주고 의혹을 풀어 주기 때문이다

④ 그러므로, 따라서
偸本非禮, 所以不拜. 훔치는 것은 본래 예가 아니니, 그러므로 절하지 않는다.